DANIEL GLATTAUER

Vier Stern Stunden

GOLDMANN
Lesen erleben

Buch

Zur Veranstaltungsreihe »Sternstunden« werden regelmäßig illustre Gäste ins Kurhotel Reichenshoffer gebeten. Diesmal ist der berühmte Romancier Frederic Trömerbusch angekündigt. Doch der Abend, moderiert von der Kulturjournalistin Mariella Brem, einer ausgewiesenen Trömerbusch-Kennerin, läuft völlig aus dem Ruder. Der alternde Literaturstar, der schon seit Jahren nichts mehr publiziert hat, macht sich einen Spaß daraus, die Journalistin bloßzustellen, um selbst in umso hellerem Licht zu erstrahlen. Dabei hat auch Trömerbusch eine ganz akutes Problem. Es heißt Lisa und wohnt mit ihm im Doppelzimmer.

Weitere Informationen zu Daniel Glattauer sowie zu den lieferbaren Titeln finden Sie am Ende des Buches.

Daniel Glattauer

Vier Stern Stunden

Eine Komödie

GOLDMANN

MIX
Papier aus verantwortungsvollen Quellen
FSC® C014496
FSC www.fsc.org

Verlagsgruppe Random House FSC® N001967

2. Auflage
Taschenbuchausgabe Februar 2020
Wilhelm Goldmann Verlag, München,
in der Verlagsgruppe Random House GmbH,
Neumarkter Str. 28, 81673 München
Lizenzausgabe mit Genehmigung des Paul Zsolnay Verlages, Wien

Umschlaggestaltung: UNO Werbeagentur, München
Unter Verwendung der Umschlaggestaltung von Anzinger und Rasp, München
Umschlagmotiv: © Noma Bar
mb · Herstellung: kw
Druck und Bindung: GGP Media GmbH, Pößneck
Printed in Germany
ISBN: 978-3-442-48960-2
www.goldmann-verlag.de

Besuchen Sie den Goldmann Verlag im Netz

VIER STERN STUNDEN

SZENE EINS

Wir befinden uns im altehrwürdigen und ehrwürdig gealterten Kur- und Kulturhotel Reichenshoffer, ein Viersternbetrieb, dem man einen Stern besonders deutlich ansieht – den fehlenden fünften.
Wir blicken auf eine dem Hotelgästeraum zugewandte improvisierte Bühne. (Später lernen wir vom Hotel auch den Raucherbereich, ein Zimmer, die Lobby und die Bar kennen.)
Aus dem Hintergrund sickert verstaubte Lounge-Musik ein, ein Piano tastet sich gerade durch »Strangers in the Night«.
Unangenehmer sind die zischenden und pfeifenden Geräusche, die von der Lautsprecheranlage erzeugt werden. Verursacher ist ein sportlich aussehender, solarium-gebräunter junger Mann, den der elegante Anzug eher verkleidet als kleidet. Er nimmt einige klägliche Anläufe, dem Publikum etwas mitzuteilen. Endlich hat die Technik den passenden Ton für ihn gefunden.

JUNIORCHEF *(unruhig, stotternd)* Guten Abend, verehrte Gäste. Wir hoffen, unser Degustationsmenü hat Ihnen gemundet. Willkommen nun zu einem der wahrscheinlich größten kulturellen Highlights in der Geschichte der um ... kulturelle Highlights nie verlegenen ... Sternstunden in Ihrem Kulturhotel Reichenshoffer. Mein Name ist ... Reichenshoffer ... junior. *(Er lächelt verlegen.)*

David-Christian Reichenshoffer. Das Hotel ist ... wie Sie vielleicht wissen ... seit vier Generationen im Familienbesitz der Reichenshoffers. Manche von Ihnen, und da sind wir besonders stolz, waren ja von Anfang an unsere Gäste ... Ich meine, schon Ihre Großeltern und Urgroßeltern. Tradition wird in unserem Hause groß geschrieben. Ich selbst bin hier ... wie Sie vielleicht wissen, quasi das jüngste Glied in der Kette, und ich sehe es als meine Aufgabe ... das große kulturelle Erbe ...

Der Juniorchef wird abgelenkt und unterbricht seine Rede. Jemand dürfte ihm etwas Wichtiges zugerufen oder zugedeutet haben.

JUNIORCHEF *(nervös, blickt auf die Uhr)* Ich höre gerade von der ... von meiner ... also für den Ablauf zuständigen Mitarbeiterin. Wir werden doch noch fünf bis zehn Minuten zuwarten. Das Hotel Almtalerhof schickt uns noch einige Gäste vom soeben zu Ende gegangenen Bridge-Turnier herüber ... damit wir hier so richtig knallvoll sind. Ich darf Sie also noch für einige Minuten um Ihre geschätzte Geduld bitten. Dankeschön.

Das Bühnenlicht wird abgedreht.

SZENE ZWEI

Der karge Raucherbereich des Hotels ist vereinsamt. Man nimmt zunächst nur einen undefinierbaren schwarzen Hügel wahr, der sich plötzlich in Bewegung setzt und aufrichtet. Der »Hügel« dreht sich, und nun wird ersichtlich, dass es sich hierbei um eine voll verschleierte Person, eine Burkaträgerin, handelt. In einer Hand hält sie ein Handy, das sie einmal näher zum Gesicht, dann wieder weiter weg bewegt, als suchte sie die passende Einstellung für ein Selfie. Zwischen den Fingern der anderen Hand klemmt eine Zigarette, die die Person durch den nach unten verschobenen Burka-Augenschlitz zum Mund führt. – Ein bizarrer Anblick.

Eine konservativ gekleidete Frau um die 45 kommt zögerlich dazu. Sie hält ein Skriptum in der Hand, das sie nervös studiert. Sie geht unruhig auf und ab, umkreist die Burkaträgerin mit Respektabstand, gibt sich dann einen Ruck und geht auf sie zu.

FRAU Excuse me. English?

VERSCHLEIERTE Yes. Oder Deutsch. As you like it.

Die verschleierte Frau spricht in der Folge gut Deutsch mit deutlichem Akzent.

FRAU Ich hoffe, es ist nicht unverschämt, wenn ich Sie ... Haben Sie zufällig noch eine ... Zigarette ... für mich?

VERSCHLEIERTE Ja klar.

FRAU Danke, das ist reizend von Ihnen.

Es kommt zur Übergabe von Zigarette und Feuer. Die Frau entfernt sich ein paar Schritte, zieht hastig an der Zigarette, geht wieder auf und ab. Die Verschleierte beobachtet sie.

VERSCHLEIERTE Sie sind aufgeregt.

FRAU Ja, das kann man sagen.

VERSCHLEIERTE Warum?

FRAU Ich ... ich. Wir haben hier gleich eine Kulturveranstaltung.

VERSCHLEIERTE Ah, ich verstehe. Deshalb die vielen alten Leute hier. Und Sie sind ...?

FRAU Und ich bin die Moderatorin.

VERSCHLEIERTE Ah. Interessant.

FRAU Ja. Ich moderiere das Gespräch ... mit dem ... Künstler.

VERSCHLEIERTE Und da ist man aufgeregt.

FRAU Ja. Das heißt, nein, sonst bin ich es eigentlich nicht. Ich mache das schon viele, viele Jahre. Es ist mein Job. Es ist mein Leben. Es ist Routine. Ich bin Kulturjournalistin. Aber diesmal ... diesmal ...

VERSCHLEIERTE Aber diesmal sind Sie aufgeregt.

FRAU Ja.

VERSCHLEIERTE Warum?

FRAU *(wirklich sehr aufgeregt)* Ich werde gleich jemanden kennenlernen, neben jemandem auf der Bühne stehen, jemandem Fragen stellen dürfen, den ich für den ... den ich für den ... für einen der größten und wichtigsten zeitgenössischen ... zeitgenössischen ...

VERSCHLEIERTE Zeitgenössisch heißt, dass er noch lebt, nicht wahr?

FRAU Ja, nein, nicht unbedingt. Aber er lebt. Natürlich. Er ist hier. Er ist extra hierher gekommen, in dieses ... in dieses ... Hotel ... hier.

VERSCHLEIERTE Und was macht er?

FRAU Er schreibt. Er schreibt Bücher. Er ist – ein großer Romancier.

VERSCHLEIERTE Ein Franzose?

FRAU Nein. Ein Romanschreiber. Ein Deutscher. Aber weltweit bekannt und geschätzt. Frederic Trömerbusch.

VERSCHLEIERTE Den Namen habe ich schon gehört.

FRAU Ja, der große Frederic Trömerbusch. Ich habe alle seine Bücher gelesen. Was heißt gelesen? – Verschlungen. Und jetzt darf ich ihn interviewen, von Angesicht zu Angesicht.

VERSCHLEIERTE Angesicht.

FRAU Ja.

VERSCHLEIERTE Und was werden Sie ihn fragen?

FRAU *(deutet auf ihr Skriptum)* Das werde ich ihn fragen. Zu seinen Büchern. Ich habe mich wochenlang vorbereitet. So eine Chance kriegt man nicht oft im Leben.

VERSCHLEIERTE Was für eine Chance?

FRAU Einen der bedeutendsten Autoren vor sich zu haben, und ihm niveauvolle, literarisch relevante, substanzielle Fragen zu stellen. Ich ... ich werde jedenfalls versuchen, ihm auf Augenhöhe zu begegnen.

VERSCHLEIERTE Auf Augenhöhe.

Sie umkreist mit den Fingern die Sehschlitze ihrer Kopfbedeckung.

FRAU Ja, literarisch gesehen. Er soll wissen, dass ich seine Texte wirklich aufmerksam gelesen und verstanden habe. Dass der Funke zu mir herübergesprungen ist. Ich will sein Werk würdigen, wertschätzen. Verstehen Sie? Ich will mich auf diese Weise bei ihm bedanken, für die vielen spannenden Stunden, die er mir bereitet hat.

VERSCHLEIERTE Sie meinen, seine Bücher.

FRAU Ja natürlich, die Bücher. Es geht hier um die Bücher. Es geht hier um Literatur, wissen Sie. Um Weltliteratur.

VERSCHLEIERTE Aha. Wollen Sie noch eine Zigarette?

FRAU Nein, danke, danke, das ist sehr freundlich von Ihnen. *(Wieder hektischer.)* Ich werde mich jetzt wohl zur Bühne aufmachen. Es muss gleich losgehen.

Sie entfernt sich ein paar Schritte, kommt aber wieder zurück.

FRAU Ich danke Ihnen, dass Sie mir zugehört haben, das hat mir ein bisschen die Nervosität genommen. Ich bin die ... ich heiße ... mein Name ist Mariella Brem.

Sie streckt der verschleierten Frau die Hand zum Gruß entgegen. Diese weicht etwas zurück, hebt ihre Handy-freie Hand hoch und winkt.

VERSCHLEIERTE *(zögerlich)* Ghulam Fatima. Viel Glück. Allah sei mit Ihnen! Und der Literatur.

SZENE DREI

Das Licht der Hotelbühne geht wieder an. Reichenshoffer junior, der sich mäßig wohl in seiner Haut zu fühlen scheint, beugt sich zum Mikrofon. Seine Leidenschaft wirkt übertrieben, sein Enthusiasmus aufgesetzt.

JUNIORCHEF *(verkrampft)* So, aber nun ist es so weit. Ich darf Sie nochmals ganz herzlich zu unseren diesjährigen Sternstunden im Kulturhotel Reichenshoffer ... auf das allerherzlichste ... begrüßen. Wie Sie vielleicht wissen: Seit Jahrzehnten scheuen wir weder Mühen noch ... Kosten ... und haben uns den Ruf erworben, die Prominentesten, die Erfolgreichsten, die ganz großen Namen der Kulturszene zu uns ins Haus zu holen. Was uns dieses Jahr gelungen ist, da würde sich wohl jeder internationale Großveranstalter alle zehn Pferde ... Hände ... alle zehn Finger jeder Hand ... abschlecken. Ich möchte Ihnen jetzt nur einen kleinen Vorgeschmack ...

Der Juniorchef wird abermals durch Worte oder Gesten neben der Bühne abgelenkt, unterbricht seinen Vortrag.

JUNIORCHEF *(halblaut, zur Seite gedreht)* Was, hier im Publikum?

Er wendet sich wieder den Hotelbesuchern zu.

JUNIORCHEF Entschuldigen Sie bitte die kleine Unterbrechung. Aber ich habe erfahren, dass sich hier im Saal eine ... eine schwarz vermummte weibliche Person angeblich ... befinden soll. Bitte, das ist leider nicht möglich. Bei uns. Sondern im Gegenteil – das ist strengstens verboten. Auch im Fasching. Ich bitte diese Person, sich ihrer Vermummung ... entweder ... zu entziehen ... also zu entledigen. Oder sie ersuchen, den öffentlichen Raum aus ... Sicherheitsgründen bitte umgehend zu verlassen.

Raunen im Saal. Es entsteht eine kurze Pause. Der Juniorchef nimmt eine Reaktion von der Seite entgegen und nickt beruhigt.

JUNIORCHEF So, dankeschön!
Zurück zu unserem Stammgast ... Stargast. Ich will gar nicht lange ... ich sage vielleicht nur so viel *(liest holprig von einem Blatt Papier, das er hervorgekramt hat)*: kolportierte achtzig Millionen verkaufte Bücher in aller Welt. Fünfzehn Erfolgsromane, monatelang Platz eins der internationalen Bestsellercharts. Zahlreiche Theaterstücke, Hörspiele, Drehbücher, Literaturverfilmungen weltweit über den Globus verteilt, von China über Israel bis nach ... Peking. Von der Preisliste will ich gar nicht reden, ich meine, wie viele renommierte Preise dieser Mann schon eingeheimst hat. Eigentlich fehlt ihm ja nur noch der Literaturnobelpreis ... aber dafür ist er viel-

leicht doch noch ein bisschen zu jung. *(Lacht laut auf.)* Ich sage, Bühne frei für ...

Gerade noch bremst er seine Ankündigung und reagiert auf einen Zuruf oder Wink der Hotelregie.

JUNIORCHEF Ach, fast hätte ich auf jene Person vergessen, die uns schon durch so viele Sternstunden geführt hat. Sie ist quasi das kulturelle Urgestein im Hause Reichenshoffer, gehört beinahe schon zum Inventar, wenn ich das so salopp formulieren darf. Sie wird dem Künstler alle für Sie interessanten Fragen stellen. Ich begrüße mit einem kräftigen Applaus unsere Moderatorin – Frau Doktor Brem.

Matter Applaus. Auch der Juniorchef klatscht lustlos. Mariella Brem betritt die Bühne und wirft ihm einen verächtlichen Blick zu. Die beiden reichen einander förmlich die Hand, als würden sie nichts miteinander anzufangen wissen.

BREM *(mit ernstem, nur kurz angehobenem Blick zum Publikum)* Guten Abend.

JUNIORCHEF So, und jetzt will ich Sie nicht länger auf die Folter spannen. Er ist natürlich ... nicht zuletzt ein Liebling der Damenwelt. Also, werte Männer, halten Sie Ihre Ehefrauen fest. *(Er lacht. Mariella Brem schüttelt den Kopf.)* Bühne frei für den Megastar des Abends. Bühne frei für Professor Frederic Trömerbusch.

Applaus. Trömerbusch, ein charismatischer Mann um die sechzig, tritt auf. Er weiß sich zu inszenieren und versteht es, gleich ein Bündel von Tugenden mit auf die Bühne zu bringen: Souveränität und Gelassenheit, Altersmilde und letzte Anflüge jugendlicher Verwegenheit, Stolz und Melancholie. Man muss ihn schon genau beobachten, um zu erkennen, wie viel Unlust und Unbehagen ihm sein Auftritt auf der Hotelbühne bereitet. Das kann er gut kaschieren, er verbeugt sich in tapfer gespielter Dankbarkeit vor dem Publikum, schüttelt dem nervösen Juniorchef väterlich mitleidig die Hand, nickt der Moderatorin kurz zu, ohne sie dabei anzusehen.
Es braucht eine Weile, bis allen klar wird, dass er nicht daran denkt, hier einleitende Worte zu sprechen oder gar eine Eröffnungsrede zu halten.

JUNIORCHEF Dann darf ich also bitten, Frau Brem.

Der Juniorchef entfernt sich. Mariella Brem stellt sich neben Trömerbusch, sieht ihn bewundernd von der Seite an. Er dreht sich allerdings nicht zu ihr, scheint sie physisch gar nicht wahrzunehmen, sondern wartet auf die erste Frage, was sie wiederum irritiert.

BREM Sehr geehrter Herr Professor …

TRÖMERBUSCH Um Himmels Willen, lassen wir den Professor weg. Bis ins reife Alter hab ich es ohne Titel geschafft, und dann überfällt man mich am helllichten Tage, schleppt mich in ein Rathaus und hängt mir den

Professor um. Und das waren noch dazu hochrangige Politiker, ich habe sie erkannt.

BREM Herr ... Trömerbusch, Sie haben schon in sehr jungen Jahren zur Literatur gefunden, haben als Fünfzehnjähriger bereits Thomas Mann rezitiert, erinnert sich ihr Deutschlehrer. Ich hab's in einem Interview in der Frankfurter Allgemeinen Zeitung gelesen. Zauberberg, Tristan, Doktor Faustus, wo andere noch in den Büchern von Karl May geblättert haben ...

TRÖMERBUSCH *(süffisant)* Karl May hab ich mir für später aufgehoben. Wissen Sie, zuerst die Pflicht, dann das Vergnügen.

BREM *(unbeirrt)* Ja, hm, witzig, aber ... Haben Sie damals schon gespürt, dass Sie selbst auserwählt sind, in der Literatur ...

TRÖMERBUSCH *(unwirsch)* Auserwählt? Ach kommen Sie! Wir sind auserwählt zu leben. Und wir sind auserwählt zu sterben. Der Weg dorthin ergibt sich wie von allein – Zufall und Schicksal, Versuch und Irrtum, Glück und Pech, Gelingen und Scheitern. Dazwischen vertreiben wir uns die lausige Zeit mit Arbeit. Manche machen Tische, manche machen Schuhe. Bei mir sind es eben Bücher geworden, so einfach ist das.

BREM *(verkrampft lächelnd)* Ja, aber was für Bücher! Großartige Bücher! In ihrem ... atemberaubenden dritten Roman »Gestern war ein Tag zu spät« lassen Sie Ihre Hauptfigur Antonius auf Seite 177 zu seiner Tochter sagen: »Mit der Liebe ist es wie mit einer Brille. Wenn man sie einmal verlegt hat, fehlt sie einem bitterlich bei der Suche nach ihr.« – Das ist ...

TRÖMERBUSCH *(vor sich hin, mit dem Publikum lächelnd kokettierend)* Das ist von mir? Das habe ich geschrieben? Muss wohl wirklich schon eine Weile her sein.

BREM *(unbeirrt)* Das ist eine Ihrer wunderschönen Metaphern, in denen so viel Weisheit steckt. Herr Trömerbusch, wie kommt man in der Literatur zu Bildern, die einem selbst über die Liebe, über die schon alles gesagt zu sein scheint, noch in dieser Weise, fern aller gängigen Klischees ...

TRÖMERBUSCH *(höhnisch, zynisch)* Verzeihung, gnädige Frau ... Kollegin, wenn ich Sie hier unterbreche. Der Kern Ihrer Frage soll also offenbar lauten, wie man in der Literatur zu Bildern kommt, nicht wahr? Also bitte. – Der Maler sieht Bilder, indem er sie zeichnet. Der Musiker hört Bilder, indem er sie spielt. Der Literat liest Bilder, indem er sie schreibt. So kommt man zu Bildern. Und lässt man die Bilder nicht aus sich heraus, dann behält man sie eben im Kopf. Dort sind sie im Übrigen gar nicht so schlecht aufgehoben. Und der Nachwelt bleiben sie erspart. Ich hoffe, Ihre ... Frage ist hiermit beantwortet.

Mariella Brem fühlt sich zunehmend in die Enge getrieben und wirkt verkrampft und verunsichert. Ihre Faszination für den lakonisch auftretenden und gereizten Autor Trömerbusch bröckelt langsam ab. Noch hält sie starr an ihrem schriftlichen Fragekonzept fest.

BREM Ein häufig wiederkehrendes Thema in Ihren Romanen ist die Suche Ihrer Protagonisten nach der verlorenen Kindheit. Schon in Ihrem Frühwerk, dem 1978 erschienenen ersten Teil Ihrer Trilogie »Scheingestalten« ...

TRÖMERBUSCH Wann war das? Im Jahr 1978?

BREM Ja. 1978.

TRÖMERBUSCH Aber wann? In welchem Monat? Helfen Sie mir. Es müsste irgendwann im Frühjahr gewesen sein.

BREM Richtig. Es war im März. Erschienen am 17. März 1978.

TRÖMERBUSCH Und die Uhrzeit wissen Sie vielleicht auch noch?

Jetzt erst erkennt Brem den Spott und wirkt geradezu verzweifelt.

BREM Herr Trömerbusch, ich verstehe nicht ...

TRÖMERBUSCH *(bemüht milde lächelnd)* Frau Kollegin, Frau Kollegin! Wir wollen doch hier keine Literaturseminare abhalten. Die guten Leute schlafen uns ja noch vor unseren Augen ein. Reden wir vom Leben, reden wir davon, was uns hier und heute bewegt. Warum es sich lohnen könnte, in der Früh das Bett zu verlassen. Das ist ein Thema, das ist ein wiederkehrendes Thema, nicht nur in der Literatur, sondern im echten Leben. Tag für Tag holt es uns ein.

BREM *(ziemlich verstört)* Gut, dann ... dann ... lassen Sie mich die Frage ... vielleicht ... andersrum stellen, Herr Trömerbusch. Ist die verlorene Kindheit in Ihrem Schaffen ...

Ein lauter Knall beendet die Ausführungen von Mariella Brem mitten im Satz. Danach bewegt sie weiterhin ihre Lippen. Sie spricht also, aber man kann sie nicht mehr hören. Offensichtlich ist die Lautsprecheranlage ausgefallen. Nach kurzem Mienenspiel der beiden Anwesenden eilt der Juniorchef auf die Bühne.

JUNIORCHEF *(ans Hotelpublikum gerichtet)* Wir haben leider anscheinend ein kleines technisches Problem mit unserer ... Tonanlage. Wir werden das so schnell wie möglich ... wieder hinbekommen. Ich schlage vor, wir machen eine kleine Pause von ungefähr ... zehn Minuten.

Sie können sich ein bisschen erfrischen. Oder an der Bar ein Gläschen Sekt zum Munterwerden ... vielleicht ... oder Wein trinken.

Mariella Brem hat es eilig, die Hotelbühne zu verlassen. Der Juniorchef wendet sich dem betreten abgehenden Autor zu.

JUNIORCHEF Herr ... Professor, die Verzögerung ist mir überaus ... peinlich. Sie können sich gerne ... vielleicht ... kurz aufs Zimmer zurückziehen. Wir verständigen Sie sofort, wenn es weitergeht.

TRÖMERBUSCH *(grantig)* Tun Sie das.

Reichenshoffer junior wendet sich ab, hält aber gleich inne, als würde ihm spontan noch etwas Wichtiges einfallen. Er hastet zum Bühnenrand, greift zu einem offenbar vorbereiteten großen Buch. Mit diesem in der Hand eilt er Trömerbusch nach.

JUNIORCHEF Herr Professor, Herr Professor.

Trömerbusch bleibt stehen und dreht sich um.

JUNIORCHEF Darf ich Ihnen vielleicht gleich ... damit wir das nachher nicht vergessen ... Darf ich Sie im Namen des Hauses freundlichst ersuchen, ob Sie ... wenn Sie aufs Zimmer gehen ... vielleicht gleich ...

Er will Trömerbusch das große Buch überreichen.

TRÖMERBUSCH Was ist das?

JUNIORCHEF Das ist unser Gästebuch.

TRÖMERBUSCH *(todesverächtlich)* Ein Gästebuch.

JUNIORCHEF Ja, da sind praktisch alle Größen vertreten, alle prominenten Stargäste unseres Hauses. Reinhold Messner, Martin Walser, DJ Ötzi. Und, und, und. Sie können es gerne durchblättern. Wir haben für Sie eine Doppelseite freigehalten. Sie können auch gerne etwas hineinzeichnen.

TRÖMERBUSCH Zeichnen?

JUNIORCHEF Ja, das machen unsere Stars gern, eine lustige Skizze, vielleicht, wenn Ihnen was einfällt. Wenn Sie mehr Platz brauchen, können Sie gerne ...

TRÖMERBUSCH *(mit heftig abwehrenden Handbewegungen)* Nein, nein, jetzt nicht, jetzt nicht. Später. Später. Später. Das hat wirklich Zeit.

Trömerbusch ergreift die Flucht. Reichenshoffer junior bleibt noch eine Weile mit dem Buch in der Hand stehen. Schließlich erlischt das Bühnenlicht.

SZENE VIER

Wir blicken ins Hotelzimmer von Frederic Trömerbusch. Er kauert auf einem der beiden voneinander getrennten Einzelbetten und vergräbt sein Gesicht in den Händen. Eine junge Frau, sicher nicht älter als dreißig Jahre, kommt dazu. Sie ist witzig, flippig und cool gestylt.

JUNGE FRAU Du bist schon da?

TRÖMERBUSCH *(mürrisch)* Es scheint so.

JUNGE FRAU Das war aber ein kurzer Auftritt.

TRÖMERBUSCH Ja.

JUNGE FRAU Bist du schon fertig?

TRÖMERBUSCH Mit den Nerven.

JUNGE FRAU Ich meine, ist das Programm schon zu Ende?

TRÖMERBUSCH Nein.

JUNGE FRAU Warum bist du dann hier?

TRÖMERBUSCH *(eher vor sich hin)* Ja, warum bin ich hier.

Trömerbusch seufzt tief.

JUNGE FRAU Redest du nicht mehr mit mir?

TRÖMERBUSCH Doch.

JUNGE FRAU Du bist noch immer beleidigt wegen vorhin. Stimmt's?

TRÖMERBUSCH Was meinst du mit vorhin?

JUNGE FRAU Du weißt genau, was ich meine. Die Betten.

TRÖMERBUSCH Lisa, wenn du das nicht verstehst, dann kann ich dir auch nicht weiterhelfen.

LISA Was verstehe ich nicht? Erklär es mir, Friedrich.

TRÖMERBUSCH Was gibt es da zu erklären?

LISA Tu's einfach. Und spiel nicht die beleidigte Leberwurst.

TRÖMERBUSCH Okay. Was wäre so schlimm daran gewesen, es bei dem Doppelbett zu belassen? Du hast mich mit deiner Aktion in eine ganz, ganz unangenehme Lage gebracht. Du hast mich gedemütigt. Was denken sich die ... die Damen an der Rezeption über uns.

LISA Erstens ist es mir scheißegal, was andere Leute über mich denken. Zweitens ist es mir ganz besonders scheißegal, was Hotel-Rezeptionistinnen über uns beide denken. Drittens denken sie, dass diese zwei Gäste eben lieber in getrennten Betten schlafen wollen. Oder zumindest einer davon. Eine. Ich.

TRÖMERBUSCH Aber Lisa, ich bin hier kein normaler Gast.

LISA Ich bin hier auch kein normaler Gast. Normal ist man hier kein Gast.

TRÖMERBUSCH Ich meine, ich bin ... ich bin ...

LISA Jaaa, du bist der große Superstar. Wir wissen es, wir wissen es, wir wissen es! Aber was hat das bitte mit getrennten Betten zu tun?

TRÖMERBUSCH Lisa, die Leute kennen mich. Ich bin hier ... ich bin hier ... sicher die Attraktion des Jahres. Die Leute reden über mich. So etwas spricht sich herum. Das ganze Hotel weiß, dass ... dass meine Begleiterin, wer immer sie ist, dass sie es vorzieht, getrennt von mir zu ...

LISA Na und? Ist das eine Majestätsbeleidigung, wenn eine Frau lieber in ihrem eigenen Bett übernachten will, ein paar Meter weit entfernt von der Attraktion des Jahres, vom gefeierten Schriftsteller, vom großen Professor Friedrich … Verzeihung – Frederic Trömerbusch.

TRÖMERBUSCH Du bist gemein. Du tust mir weh.

LISA Entschuldigung, das wollte ich nicht, aber du zwingst mich dazu.

Es entsteht eine kurze Schweigepause.

TRÖMERBUSCH Außerdem …

LISA Was außerdem?

TRÖMERBUSCH Ach nichts.

LISA Doch, sag's. Sprich es aus.

TRÖMERBUSCH Warum glaubst du, mache ich das hier?

LISA Ja, ich weiß, ich hab es mir auch anders vorgestellt.

TRÖMERBUSCH Was hast du dir anders vorgestellt?

LISA Ach, alles hier, das Hotel, die Atmosphäre, die Gesellschaft. Ich dachte, es wird lustig, oder inspirativ, hier kann man Dinge unternehmen, gute Gespräche führen, da wären zumindest ein paar spannende Leute, mit denen man …

TRÖMERBUSCH Das habe ich nicht gemeint.

LISA Was hast du gemeint?

TRÖMERBUSCH Traurig, dass du das fragst.

Schweigepause. Trömerbusch wartet vergeblich auf eine Reaktion von Lisa.

TRÖMERBUSCH *(kläglich)* Du weißt, wie sehr ich solche Auftritte hasse. Ich meide sie, wo es nur geht. Ich wäre nie in meinem Leben hierher gekommen, in dieses elendige Hotel. Ich mache das nur wegen dir. Wegen uns. Damit wir ... damit wir ... endlich wieder einmal zu zweit sind ... eine Nacht ... Wir sehen uns ja überhaupt nicht mehr, du bist ja immer ... irgendwo ... mit irgendwelchen Freundinnen oder ... oder Freunden. Auf irgendwelchen nächtlichen ... vergnüglichen Veranstaltungen.

LISA Das ist nicht vergnüglich, das ist dienstlich, das weißt du. Das ist mein Job. Als Outdoor-Bloggerin musst du unterwegs sein, wenn du Top Hundred bleiben willst. Da musst du dich unter die Leute mischen. Dort ist der Stoff, den ich brauche. Da kannst du nicht im stillen Kämmerlein sitzen und Däumchen drehen ...

TRÖMERBUSCH *(traurig vor sich hin)* Und ich sitze im stillen Kämmerlein und drehe Däumchen. Und warte auf ein Lebenszeichen von Lisa, der Bloggerin, der ... Outdoor-Bloggerin.

Trömerbusch ist am Boden zerstört. Lisa geht auf ihn zu, umarmt ihn tröstend, klopft ihm auf die Schulter, setzt weitere mitleidvolle Gesten. Trömerbusch wendet sich trotzig ab.

TRÖMERBUSCH Ach, ich verabscheue mich selbst, wenn ich mich so reden höre. Das bin nicht ich, der so spricht. Bitte vergiss es einfach.

LISA Wir können die Betten auch zusammenschieben.

TRÖMERBUSCH Die Betten? Es sind nicht die Betten. Du weißt, dass es mir nicht um ... nicht um banalen Sex geht.

LISA Ja, das weiß ich. Leider.

TRÖMERBUSCH Du sagst »leider«? Das ist ein Hohn. DU hast dich doch von MIR zurückgezogen, nicht umgekehrt. Du meidest jeden Körperkontakt zu mir. Ich darf dich nicht einmal mehr streicheln, geschweige denn küssen. Du behandelst mich in letzter Zeit wie einen Aussätzigen.

LISA Nein, das stimmt nicht. Ich mag nur einfach dieses ... dieses ... dieses ewige stundenlange Herumgetue und Herumgekuschle und Herumgeschmuse nicht. Ich bin eben nicht so ein ... so ein ... romantisch veranlagter

Gefühlsmensch wie du. Ich bin eine andere Generation. Ich mag ... ich mag ...

TRÖMERBUSCH Was magst du? Das würde mich jetzt wirklich interessieren. Was magst du?

LISA Banalen Sex. Von mir aus.

TRÖMERBUSCH Das ist mir neu.

LISA Doch. Kurzen schnellen intensiven unkomplizierten banalen Sex. Das mag ich, das ist okay für mich, das passt. Hin und wieder. Gelegentlich. Dazu braucht man weder ein Doppelbett, noch stundenlange dramatische Akte der Leidenschaft, noch ein zehnstufiges Aufbauprogramm. Dazu braucht man einfach nur ...

TRÖMERBUSCH. Was?

LISA *(vorwurfsvoll)* Na was wohl?

Lisa deutet auf Trömerbuschs Unterleib.

TRÖMERBUSCH Lisa, das ist nicht fair, dass du es jetzt darauf hinauslaufen lässt.

LISA Du wolltest es wissen.

TRÖMERBUSCH Lisa, ich bin keine Maschine.

LISA Es muss ja nicht gleich eine Maschine sein, aber wenigstens ein ... ein ... Werkzeug ... ein kleiner Hammer oder Bohrer oder so etwas.

TRÖMERBUSCH Lisa, ich bin keine fünfzig mehr. Und ich habe den Kopf voll mit ... mit ... ich habe Stress. Ich habe ... du weißt, ich bilde mir nichts darauf ein, aber ich habe es ganz nach oben geschafft. Ich bin jemand. Von mir erwartet man sich etwas. Das macht Druck. Das ist belastend. Ich muss erst abschalten. Da braucht es eben eine Weile bis ...

LISA Es gibt Pillen.

Trömerbusch reagiert entsetzt.

TRÖMERBUSCH Pillen?

LISA Ja, Potenzpillen. Pillen zum ...

Lisa macht eine charakteristische Handbewegung.

LISA Potenzpillen eben.

TRÖMERBUSCH Du glaubst doch nicht im Ernst, dass ich zu solchen primitiven, vulgären, chemischen ... Hilfsmitteln greife.

LISA Warum nicht? Wenn's dein Herz verträgt.

TRÖMERBUSCH Und wie stellst du dir das in der Praxis vor? Ich soll also in die nächstbeste Apotheke gehen und sagen: Guten Tag, ich hätte gerne eine Packung ... Wie heißt das Zeug?

LISA Tu nicht so weltfremd. Du weißt genau, wie es heißt. Viagra heißt es.

Auf das Wort »Viagra« reagiert Trömerbusch mit großer Ekelerregung.

TRÖMERBUSCH Okay. Ich spaziere also munter in eine Apotheke und sage vor allen anderen Leuten: Guten Tag, ich hätte gerne eine Packung Viagra.

LISA Na und? Was ist dabei? Das machen wahrscheinlich alle alten Herren, also alle bedürftigen ... schon etwas älteren ... gestressten ... kopflastigen ... Männer.

TRÖMERBUSCH *(laut, genervt)* Aber – mich – kennt – man! Begreifst du das nicht? Ich bin nicht irgendwer. Ich bin berühmt. Es kann sein, dass die Apothekerin erwidert: Herr Trömerbusch, was für eine Ehre! Ich bin ein großer Fan von Ihnen. Darf ich Sie bei dieser einmaligen Gelegenheit höflichst um ein Autogramm bitten. Ihre Bücher habe ich leider daheim. Aber Sie können Ihren Namen gerne auf den Beipackzettel Ihrer Viagra-Packung schreiben. Den brauchen Sie ohnehin nicht mehr, die Nebenwirkungen werden Ihnen bekannt sein.

Und ich lege den Zettel dann einfach einem Ihrer Romane bei, damit ich …

Das altmodische Klingeln eines Zimmertelefons unterbricht Trömerbuschs sarkastischen Redeschwall. Er hebt den Hörer ab.

TRÖMERBUSCH *(mürrisch)* Ja. Alles klar. Ich komme gleich.

Er legt den Hörer auf und wendet sich Lisa zu. An seinem Stimmungstief ändert sich wenig. Jetzt ist ihm die chronische Unlust wieder deutlich anzumerken.

TRÖMERBUSCH Okay, es geht weiter. Ich bringe das so schnell wie möglich hinter mich.

LISA *(mitleidig)* Soll ich zuhören kommen?

TRÖMERBUSCH Interessiert es dich denn?

LISA *(denkt nach, zuckt gleichgültig mit den Schultern)* Ja, klar, schon, irgendwie. Warum nicht?

TRÖMERBUSCH *(melancholisch flüsternd)* Danke.

SZENE FÜNF

Wir blicken wieder auf die noch verwaiste Hotelbühne. Ein paar Meter dahinter geht Mariella Brem unruhig auf und ab und bereitet sich auf ihren neuerlichen Auftritt vor. David-Christian Reichenshoffer kommt dazu.

JUNIORCHEF *(vorwurfsvoll)* Einige Besucher sind schon ... vorzeitig ... gegangen.

BREM *(trocken)* Oder sie sind gerade verstorben.

JUNIORCHEF Ha, ha, sehr witzig.

BREM Okay. Vielleicht gibt es noch irgendwo ein Bridge-Turnier. Oder Preisschnapsen. Warum erzählen Sie mir das?

JUNIORCHEF Ich denke, Sie als Moderatorin sollten vielleicht ... es wäre besser, wenn Sie ...

BREM Machen Sie sich über mich keine Gedanken. Schauen Sie lieber, dass Sie die Tontechnik in den Griff kriegen.

JUNIORCHEF Das hat nichts mit der Technik zu tun, so etwas kann passieren, das sieht jeder ein. Aber Sie könnten sich vielleicht mehr darum bemühen, Ihre Fragen etwas Zuhörer-freundlicher, einfacher, volks... volks... volksnäher und weniger ... kompliziert ...

BREM Stopp! Ich werde mir von Ihnen ganz bestimmt nicht vorschreiben lassen, wie ich meine Fragen zu stellen habe. Ich habe mich gewissenhaft auf das Gespräch vorbereitet. Und ich darf Sie daran erinnern: Das hier ist kein Musikantenstadl, das ist eine Literaturveranstaltung.

JUNIORCHEF Literatur. Literatur. Sie verscheuchen unser Publikum ... mit Ihrer hochtrabenden Literatur. Kommen Sie auf den Boden runter.

BREM Verzeihung, der Boden, auf dem Sie sich bewegen, ist mir zu tief.

JUNIORCHEF Die Leute wollen Unterhaltung, ein paar Schmankerln, leicht verdauliche Kost – nach dem Abendessen. Auch ein Weltstar wie Trömerbusch kann launig sein und Späße machen. Man muss ihm nur die passenden Fragen stellen – was er gerne zum Frühstück isst, was er in der Freizeit so macht, welche Autos er fährt, welche Ticks er hat, ob er sich mehr vor Spinnen oder vor Schlangen fürchtet – solche Dinge.

BREM *(verächtlich)* Ihr seliger Vater sollte Sie so reden hören.

JUNIORCHEF Ich bin nicht mein Vater.

BREM Das ist allerdings richtig.

JUNIORCHEF Und die Zeiten haben sich geändert, Sie werden es nicht glauben, sogar hier im Hotel.

Das Licht der Hotelbühne geht an. Reichenshoffer junior kriegt ein Zeichen von der Seite und deutet Mariella Brem, mit ihm nach vorne zur Bühne zu gehen. Er ruft ihr noch etwas zu.

JUNIORCHEF Apropos, Frau Brem, wir beide müssen nachher ohnehin reden.

BREM So? Müssen wir das?

Reichenshoffer junior wendet sich nun wieder dem Hotelpublikum zu.

JUNIORCHEF Ich bitte Sie nochmals ... herzlich ... um Verzeihung für diese kleine Unterbrechung. Ich hoffe, Sie konnten sich ... vielleicht ein wenig erfrischen, um nun wieder mit neuem Elan den launigen Erzählungen des großen ... Professors Trömerbusch, den wir eigens für

Sie in unser Haus bringen konnten, was uns eine große Ehre ist, zu ...

BREM *(verächtlich soufflierend)* Zu lauschen.

JUNIORCHEF Zu lauschen. Bühne frei für den großartigen Weltstar und Erfolgsautor ...

Trömerbusch hat schnellen Schrittes die Bühne betreten, macht abwehrende Handbewegungen und fällt Reichenshoffer ins Wort.

TRÖMERBUSCH Danke, danke, nun ist es aber wirklich genug der Ehrbekundungen. Das nimmt ja bald die Dimensionen einer österreichischen Grabesrede an. So weit sind wir allerdings noch nicht.

Der Juniorchef schmunzelt verlegen und verlässt die Bühne. Trömerbusch stellt sich neben Moderatorin Brem und wartet, wie ein strenger Lehrer in einer Prüfungssituation, auf ihre Wortmeldung. Sein Blick ist in die Reihen des Hotelpublikums gerichtet.

BREM *(erwartungsvoll)* Ich habe gleich zu Beginn eine sehr spezielle Frage an Sie, Herr Trömerbusch. Sie lautet: Gibt es ein Wort, mit dem man alles sagen kann?

TRÖMERBUSCH *(belustigt)* Wird das hier nun eine Rätselstunde?

BREM *(enttäuscht)* Es ist Ihr eigenes Rätsel, Herr Trömerbusch. Sie selbst haben es bei Ihrer viel beachteten Hamburger Rede zur Geburtsstunde des World Book and Copyright Day der Unesco im April 1995 gestellt und auch gelöst.

Trömerbusch fühlt sich kurz überrumpelt, findet aber sofort wieder zu seiner süffisanten Erhabenheit zurück.

TRÖMERBUSCH *(spöttisch lächelnd, zum Publikum)* Ach Gott, diese Festreden. Wissen Sie, da gibt es überaus talentierte junge Leute, die uns alten Promi-Säcken solche Reden schreiben, damit sie etwas lebendiger klingen. Die jungen Künstler brauchen das Geld. Und wir kassieren dann die Komplimente. So fördert man Kreativität.

BREM *(ernüchtert)* Der Satz stammt also gar nicht von Ihnen?

TRÖMERBUSCH Wie hieß er doch gleich?

BREM Gibt es ein Wort, mit dem man alles sagen kann.

TRÖMERBUSCH *(denkt nach)* Ja, doch, könnte von mir sein. Jetzt erinnere ich mich, flüchtig.

BREM Gibt es eines? Gibt es ein Wort, mit dem man alles sagen kann?

TRÖMERBUSCH Ich denke schon.

BREM Wollen Sie es uns verraten? Es veranschaulicht uns auf beeindruckende Weise, wie ein schlichter Satz ein Kunstwerk der Sinnhaftigkeit sein kann, wenn wir ihn richtig lesen.

TRÖMERBUSCH *(an das Publikum gerichtet)* Interessiert das hier wen? Interessieren Sie sich für Kunstwerke der Sinnhaftigkeit?

Trömerbusch nimmt die offenbar positiven Reaktionen wohlwollend entgegen.

TRÖMERBUSCH Sie sind aber sehr höfliche Menschen. Dankeschön! Okay, also meinetwegen. Ja, es gibt tatsächlich ein Wort, mit dem man alles sagen kann.

BREM Und es heißt?

Trömerbusch merkt, wie alle im Saal an seinen Lippen hängen. Er weiß solche Situationen zu genießen.

TRÖMERBUSCH *(lakonisch)* Alles.

Kurze Pause bis zum Einsickern der Pointe. Dann folgt Applaus. Mariella Brem atmet kurz durch. Trömerbusch wirkt gegenüber Frau Brem gleich wieder fahrig und unfreundlich.

TRÖMERBUSCH Können wir jetzt weitermachen?

BREM Herr Trömerbusch, Sie haben selbst in Ihren intensivsten Schaffensphasen doch auch immer wieder Zeit gefunden, Ihre literarischen Erfahrungen an junge Leute, an Studenten weiterzugeben.

TRÖMERBUSCH Ja, manchmal überschätzt man seine Fähigkeiten.

BREM Ich habe ein bisschen in den Archiven gestöbert. In Ihren Lehrunterlagen findet sich da unter anderem eine beeindruckende Anleitung, wie man an das Verfassen eines Romans herangeht und was dabei unbedingt zu beachten ist. Ich darf Sie hier kurz zitieren ...

TRÖMERBUSCH *(scherzhaft)* Wer hat Ihnen das erlaubt?

BREM Wie bitte?

TRÖMERBUSCH Schon gut. Tun Sie, was Sie nicht lassen können, Frau ... Kollegin. Das ist im Übrigen die tauglichste Anleitung für alles im Leben. – Tue, was du nicht lassen kannst! Gilt fürs Schreiben. Gilt fürs Atmen. Gilt fürs Nasenbohren. Gilt fürs Fragenstellen.

Brem übergeht Trömerbuschs zynische Bemerkung und setzt unbeirrt fort.

BREM Ich zitiere Herrn Trömerbusch aus dem Jahr 1993: »Wie du ein Buch schreibst: Trau dich. Vertrau auf dich. Schreibe, was dich betrifft und betroffen macht. Beschreibe nur Gefühle, die du selbst fühlen kannst. Verwende nur den Witz, der dich selbst erheitert. Fiebere mit deinen Helden mit. Mache nie das Erwartbare.«

TRÖMERBUSCH So, jetzt haben wir's gehört. Jetzt wollen wir wohl alle hier im Saal am liebsten sofort ein Buch schreiben. Jetzt wissen wir ja, wie es geht, nicht wahr? Gnädige Frau ... Kollegin, was ist nun Ihre Frage?

Brem ringt sichtlich um Beherrschung, fängt sich aber wieder und behält Reste ihres würdigenden Tonfalls bei.

BREM Wenn jemand wie Sie, Herr Trömerbusch, fünfzehn Romane schreibt, und jeder Roman schürt bei einer Sie hymnisch verehrenden Leserschaft riesige Erwartungen an Ihr je nachfolgendes Werk, und da will ich noch gar nicht vom Feuilleton reden, das ja literarisch ...

TRÖMERBUSCH Wie lautet bitte Ihre Frage?

BREM Also ... wie kann es einem da gelingen, ja, wie konnte es Ihnen gelingen, niemals das Erwartbare zu machen?

Diesmal antwortet Trömerbusch nicht sofort, sondern gönnt sich eine längere Denkpause, die er zu zelebrieren versteht. Er bleibt dabei der Moderatorin abgewandt.

TRÖMERBUSCH *(zum Publikum, pathetisch)* Schauen Sie meine Haare an. Woran sind die wohl ergraut? Am Lebensalter? Aber nein, was für eine törichte, von der Medizin längst überholte Theorie. Die Wahrheit ist: Meine Haare haben es mir übel genommen, dass ich niemals das Erwartbare gemacht habe. Denn das strengt natürlich an. Man kann sich ja nirgendwo festhalten. Außer an sich selbst. Außer an den eigenen Haaren. An denen muss man sich dann auch gelegentlich aus dem Sumpf ziehen. Und dabei verliert man sie, die Haare. Oder sie werden einem grau.

BREM *(frostig lächelnd)* Sehr schön, sinnbildlich, lustig. Aber meine Frage war eigentlich eher ...

TRÖMERBUSCH *(unterbricht gereizt)* Verzeihung, ich bin noch nicht fertig. *(Wieder feierlich.)* So. Und warum habe ich es nicht gemacht? Warum habe ich nie das Erwartbare gemacht? – Ich verrate es Ihnen: Weil ich keine Ahnung habe, weil ich niemals auch nur die leiseste Ahnung hatte, was man von mir erwartete. Weil es mir nämlich völlig egal war, was irgendwer von mir erwartete ...

BREM *(unterbricht ihn hastig)* Was aber natürlich nicht heißt, dass Ihnen Ihr Publikum egal war.

TRÖMERBUSCH Doch. Genau das heißt es. Publikum war mir immer egal. Die Erwartungen des Publikums – völlig egal. Für mich zählt nicht das Publikum, für mich zählen die Menschen. Für mich zählt nicht die Masse, die ist mir – völlig egal. Für mich zählt das Individuum, der Mensch. *(Zeigt ins Publikum.)* Jeder Einzelne von Ihnen.

Trömerbusch scheint mit gezielten Gesten und Handbewegungen Applaus einzufordern. Und er kriegt ihn auch. Mariella Brem betrachtet den Autor am Höhepunkt seiner inszenierten Selbstherrlichkeit mit kaum noch zu bändigendem Groll. Sie ist drauf und dran, ihre Beherrschung zu verlieren.

BREM *(plötzlich laut)* Mit Ausnahmen.

TRÖMERBUSCH Wie bitte?

BREM Ich sagte – mit Ausnahmen. Für Sie zählt jedes einzelne Individuum – mit Ausnahmen.

Trömerbusch überspielt seine Verblüfftheit.

TRÖMERBUSCH *(zum Publikum)* Das müssen Sie uns jetzt aber schon etwas näher erläutern, Frau ... Kollegin.

Brem kann sich nicht mehr zurückhalten. Es kommt zum Eklat.

BREM *(schreit)* Hätten Sie vielleicht einmal die Güte, mich anzusehen, wenn Sie mit mir reden?

Lautes Raunen in den Rängen. Trömerbusch fällt aus allen Wolken. Augenblicklich ändert sich seine Stimmung. Von Hochmut und Süffisanz ist nichts mehr zu erkennen. Er wendet seinen Kopf zur Seite und blickt der wütenden Moderatorin direkt in die Augen. Erstmals nimmt er die Person neben sich wahr und mustert und bestaunt sie von allen Seiten, als wäre sie eine Außerirdische.

BREM *(mit zittriger Stimme)* Guten Tag, mein Name ist Brem. Auch ich bin ... ein Individuum. Ein ... einzelner ... Mensch.

Trömerbusch bleibt zunächst der Mund offen vor Staunen. Schließlich reicht er Brem reflexartig die Hand zum verspäteten Gruß.

TRÖMERBUSCH Ah. Sehr erfreut. Trömerbusch. Frederic Trömerbusch.

Es entsteht eine Verlegenheitspause.

TRÖMERBUSCH Und was wird das jetzt?

BREM Vielleicht ein Gespräch, endlich.

TRÖMERBUSCH *(belustigt)* Aber Sie wissen schon, dass wir beide hier nicht unter uns sind.

BREM Ja. Zum Glück, das würde ich sonst nicht überleben. Ich begreife nicht, wie ein Mensch, der derart feinsinnige Bücher schreibt, so ein ... so ein ...

Reichenshoffer junior stürmt im Katastropheneinsatz auf die Bühne und versucht mit ausgebreiteten Armen, Mariella Brem vom Hotelpublikum abzuschirmen.

BREM ... so ein präpotentes Scheusal sein kann.

JUNIORCHEF *(vor Empörung brüllend zu Brem)* Was maßen Sie sich da eigentlich an? Sie können doch nicht ... Sie können nicht einfach ... Wie reden Sie mit unserem ... mit unserem ... Ehrengast? Sind Sie von allen guten Geistern verlassen? Verlassen ... verlassen ... verlassen Sie augenblicklich ...

Der Juniorchef dreht sich hektisch um die eigene Achse und verbeugt sich demütig vor dem Hotelpublikum.

JUNIORCHEF Verzeihung, sehr geehrte ... Festgäste. Es ist mir über alle Maßen peinlich, dass unsere so beliebten Sternstunden ...

Mariella Brem unterbricht ihn und spricht Trömerbusch direkt an.

BREM *(noch immer geladen)* Darf ich Ihnen eine Frage stellen?

Reichenshoffer junior fährt sofort dazwischen.

JUNIORCHEF Nein, das kommt überhaupt nicht in Frage ...

Er macht Anstalten, Brem von der Hotelbühne zu drängen. Trömerbusch schreitet ein.

TRÖMERBUSCH Lassen Sie, lassen Sie! Wir beide kommen schon klar, die Frau ... Kollegin und ich.

Trömerbusch lässt den aufgebrachten Juniorchef links liegen und verliert offenbar auch das Publikum aus den Augen. Er konzentriert sich nun ganz auf Mariella Brem. Die beiden verstricken sich auf der Hotelbühne in ein scheinbar privates Streitgespräch. Der Juniorchef versucht sich immer wieder einzumischen, die Gäste mit Gesten zu beschwichtigen und die Ordnung herzustellen.

BREM *(noch immer sehr wütend)* Was mich wirklich brennend interessieren würde: Was machen Sie eigentlich hier, Herr Trömerbusch?

TRÖMERBUSCH Endlich eine gute, eine geradezu existenzielle Frage, Frau ... Kollegin.

BREM Hören Sie bitte auf, mich Kollegin zu nennen. Ich bin nicht Ihre Kollegin. Ich bin nur eine Kulturjournalistin, die versucht ...

TRÖMERBUSCH Halt, halt, Frau ... Frau ...

BREM Brem.

TRÖMERBUSCH Frau Brem, ich glaube, es liegt hier ein fundamentales Missverständnis vor.

BREM So?

TRÖMERBUSCH Ja. Sie dürfen das doch alles hier um Himmels Willen nicht persönlich nehmen.

BREM So? Wie soll ich es sonst nehmen, wenn Sie hier auf meine Kosten Ihre zweifelhaften Späße machen und Ihre Show abziehen.

TRÖMERBUSCH *(eindringlich)* Frau ... Brem, das *ist* eine Show! Das ist Bühne. Wir sind hier auf einer Bühne.

BREM Das ist keine Bühne, das ist ein ... ein ... Hotel, das früher vielleicht einmal ein Kulturhotel war, bis ...

JUNIORCHEF *(funkt lautstark dazwischen)* Moment, Moment. Natürlich ist das eine Bühne, eine Hotelbühne. Und nicht irgendeine, sondern ...

TRÖMERBUSCH Sie halten sich da bitte *überhaupt* einmal komplett heraus.

BREM Ja, genau.

Beide werfen Reichenshoffer junior giftige Blicke zu.

TRÖMERBUSCH Frau ...

BREM Brem. Brem. Brem. Ist das so schwer zu merken?

TRÖMERBUSCH Frau Brem, darf ich Sie auf einen grundsätzlichen Denkfehler Ihrerseits aufmerksam machen. – Wir sind nicht zum Vergnügen hier.

BREM Ja, das merkt man Ihnen an, das beweisen Sie mit jedem Wort und jeder Geste.

TRÖMERBUSCH *(eindringlich)* Bitte, das ist ein Autorengespräch. Sie interviewen mich. Das ist ein Termin. Das ist Arbeit, das ist ... dienstlich. *Für Sie und für mich. Das ist unser Job. Ihr Job.* Und mein Job.

BREM Okay, ich bemühe mich, meinen Job gut zu machen, ich bemühe mich wirklich redlich darum. Und Sie? – Sie missachten meinen Job. Sie ignorieren meine Person und Sie missachten meinen Job. Und, was noch viel schlimmer ist: Sie missachten sogar Ihren *eigenen* Job.

JUNIORCHEF Das geht jetzt aber wirklich zu weit.

TRÖMERBUSCH *(schreit den Juniorchef an)* Ruhe.

BREM *(zum Juniorchef)* Ja, Ruhe.

TRÖMERBUSCH Frau … Brem, soll ich Ihnen etwas gestehen? Ich bin es einfach müde, ich bin es unendlich leid, ewig und immer wieder diese … diese … diese … Fragen zu beantworten.

BREM Welche Fragen?

TRÖMERBUSCH Ihre Fragen.

BREM Die haben Sie ja gar nicht beantwortet. Sie haben mir doch überhaupt nicht zugehört. Sie haben von mir nur Stichworte genommen, um Ihre Show abzuziehen.

TRÖMERBUSCH *(laut und eindringlich)* Weil das keinen Menschen hier und auf dem Planeten Erde interessiert, was ich vor dreißig Jahren in irgendwelchen *längst abgefeierten* Büchern … mit welchen Worten auch immer und welchen Metaphern und welchen Sinnbildern aus welchen Gründen und Hintergründen und Hintergedanken und Hinterhintergedanken, was ich da über … über … zum Beispiel *über die Liebe geschrieben habe. Das ist scheißegal.* Meine Liebe vor dreißig Jahren – die interessiert hier kein Schwein.

BREM Glauben Sie.

TRÖMERBUSCH Ja, das weiß ich.

BREM So. Und warum sind die Leute hier?

TRÖMERBUSCH Weil ihnen langweilig ist. Weil die Menüteller abserviert sind. Weil das Bridge-Turnier zu Ende gegangen ist.

Reichenshoffer junior mischt sich aufgeregt ein.

JUNIORCHEF Also, Herr Professor, das ist nicht fair, wenn Sie jetzt ...

Die beiden ignorieren ihn und setzen ihr Streitgespräch fort.

TRÖMERBUSCH Okay, von mir aus. Weil mich die Leute sehen wollen. Deshalb sind sie hier. Weil ich mir als Schriftsteller einen Namen gemacht habe. Weil ich berühmt bin. Weil die Leute gerne berühmte Menschen um sich haben. Das genügt ihnen. Das gibt ihnen den Anschein, selbst ein bisschen berühmt zu sein. Mehr brauchen sie nicht, in der Pension, in der Hotelpension, in der Vollpension, nach dem Abendessen. Ich fördere ihre Verdauung. Deshalb sind sie hier.

Raunen im Saal.

BREM *(betroffen)* Ich finde es furchtbar, wie Sie reden.

TRÖMERBUSCH Ja, die Kehrseite der Show, die Sie so missbilligen, ist die Wirklichkeit. Und die ist oftmals furchtbar. Desillusionierend. Ernüchternd. Furchterregend. Furchtbar.

BREM Und die Literatur? Darum geht es doch. Wo bleibt bei Ihnen die Literatur?

TRÖMERBUSCH In den Büchern. Dort kommt sie her, dort gehört sie hin, dort soll sie bleiben. Lassen wir sie dort. Graben wir sie nicht Woche für Woche, ja, Tag für Tag wieder aus, um sie neu zu erfinden.

Während das heftig geführte Streitgespräch seinem Höhepunkt zusteuert, betritt die vollverschleierte Frau – wie eine verdunkelte Marienerscheinung – langsamen Schrittes und vorerst von allen dreien unbemerkt die Hotelbühne. Unter ihrem schmalen Sehschlitz trägt sie Brillen. Ihr Blick dürfte, so weit man das erkennen kann, auf ihr vorgehaltenes Handy gerichtet sein. Wahrscheinlich macht sie Fotos oder Videos.

BREM *(giftig, verächtlich)* So. Und was soll ich Sie dann noch fragen, Herr Trömerbusch? Ob Sie lieber auf dem Bauch oder auf dem *Rücken schlafen*? Ob Sie im Dreiviertel- oder im Viervierteltakt schnarchen. Ob Sie sich mehr vor Schlangen oder vor Spinnen fürchten – oder vielleicht doch am meisten vor sich selbst? Was soll ich Sie fragen?

TRÖMERBUSCH Am besten gar nichts.

BREM Und wozu bin ich dann hier?

TRÖMERBUSCH Das sollten Sie sich vielleicht selbst einmal fragen.

BREM Das müssten Sie sich aber noch vor mir fragen: Wozu sind *Sie* hier? Was – machen – Sie – hier?

Ghulam Fatima hat die Bühnenmitte erreicht. Reichenshoffer junior bemerkt sie als erster und nimmt eine abwehrende Haltung ein.

JUNIORCHEF *(zur Vollverschleierten)* Was machen Sie hier?

VOLLVERSCHLEIERTE Das ist sehr amüsant in diesem Hotel. Hier fragt jede Person jede andere, was sie hier macht. Was machen Sie hier?

JUNIORCHEF Ich bin hier der Chef. Und ich muss Sie bitte leider dringlich auffordern, die Bühne augenblicklich zu verlassen. Und in weiterer Folge bitte auch den Saal.

VERSCHLEIERTE Warum? Warum werde ich andauernd weggeschickt? Egal, wo ich sitze oder gehe oder stehe, ich werde immer nur weggeschickt. Ich bin enttäuscht. Das ist keine ... keine ... Willkommenskultur – in einem Kulturhotel.

JUNIORCHEF Tut mir leid, bei uns sind solche Maskierungen ohne polizeiliche Ausnahmegenehmigung ... leider prinzipiell ... strengstens verboten. Auch im Fasching. Das ist ein Sicherheitsrisiko. Das ist viel zu gefährlich, das müssen Sie verstehen. Ich fordere Sie also nochmals auf ...

VERSCHLEIERTE Ich und gefährlich? Sehe ich vielleicht aus wie eine IS-Terroristin?

Die vollverschleierte Frau tritt vors Publikum und dreht sich ein paar Mal im Kreis, um von allen Seiten betrachtet werden zu können. Danach geht sie mit geöffneten Armen auf Reichenshoffer junior zu. Der weicht zurück.

VERSCHLEIERTE Sie können mich gerne durchsuchen. Meine einzige Waffe ist mein Mund.

JUNIORCHEF *(ruft in den Saal)* Kann die ... schwarze Dame bitte endlich von jemandem abgeholt werden. *(Ihr zugewandt.)* Zu wem gehören Sie eigentlich?

VERSCHLEIERTE Wie meinen Sie das? Zu wem soll ich gehören? Ich gehöre zu mir. So wie Sie zu sich gehören. Jeder gehört zu sich selbst. Auch eine Frau. So habe ich es gelernt. Im ... Ethikunterricht. Ich bin eine alleinstehende junge ... emanzipierte ... Frau ... mit traditioneller Kopfbedeckung.

Trömerbusch verfolgt die Szene skeptisch, jedenfalls mit Respektabstand. Mariella Brem geht auf das Duo zu. Sie findet offenbar Gefallen an den Worten der schwarz vermummten Person und schlüpft wieder in die Rolle der Moderatorin.

BREM *(freundlich)* Also ich heiße Sie hier, bei unseren Sternstunden, herzlich willkommen. Die Kultur verbindet alle Menschen – aller Kulturen. Wollen Sie uns etwas mitteilen, Frau ... wie war doch gleich Ihr Name?

VERSCHLEIERTE Ghulam Fatima. Ich freue mich, Sie wieder zu sehen. *(Zum Juniorchef.)* Wir haben vorher schon nett geplaudert. Deshalb dachte ich mir – ich stelle mich ein bisschen zu Ihnen. So können wir uns noch besser ... unterhalten. *(Wendet sich Trömerbusch zu.)* Und das muss also der große Künstler sein. Frederic Trömerbusch, nicht wahr? Ich habe schon von Ihnen gehört. Darf ich?

Sie hebt ihr Handy vors Gesicht und scheint ein Foto von ihm zu machen. Trömerbusch reagiert zurückhaltend, ab-

wehrend, abweisend. Die Situation scheint ihm äußerst unangenehm zu sein.

BREM Was führt Sie in unser Land, Frau ... Fatima? Haben Sie eine Botschaft? Wollen Sie uns etwas mitteilen? Was ist Ihr Anliegen?

FATIMA Mein Anliegen ... mein Anliegen ist ... Sie müssen wissen, ich komme ursprünglich von weit her, vom ... Persischen Golf. Von den ... Emiraten, den ... Vereinigten, den .... Arabischen. Abu Dhabi. Kennen Sie?

BREM Ja, ja, natürlich kenne ich Abu Dhabi. Wer kennt Abu Dhabi nicht?

Brem wirft Reichenshoffer junior einen prüfenden Blick zu.

FATIMA Und mein Anliegen ist ... mein Anliegen ist also ...

BREM Ja?

FATIMA Ich bin auf der Suche.

BREM Auf der Suche.

FATIMA *(im Ton einer Märchenerzählerin)* Ja, genau. Ich bin schon seit Monaten auf der Suche. Es ist meine Mission. Ich habe die halbe Welt durchreist. London, New

York, Toronto, Peking, Moskau, Sydney, Paris ... Dakar. Ich bin schon sehr oft fündig geworden.

BREM Schön, aber ...

FATIMA Und nun hat mich die Suche hierhergebracht, nach Österreich, in diese ... diese ... wunderbare ... Gegend hier ... berühmt für, berühmt für ... für das, wonach ich suche. Ich habe einen Wink bekommen, dass ich hier viel davon finden werde, beinahe täglich, mit etwas Glück. Finden, spüren, genießen.

BREM Was wollen Sie hier finden, spüren und genießen?

FATIMA Ahnen Sie es nicht? Gut, ich gebe Ihnen noch einen Hinweis: Es kommt von oben. Es ist der Segen Allahs ... oder Buddhas ... oder Gottes, je nachdem, wo man sich gerade befindet. Ich muss gestehen, Gott scheint in dieser Hinsicht am großzügigsten zu sein. Jetzt wissen Sie es.

Der getragene, feierlich-geheimnisvolle Ton der Erzählerin lässt etwas Metaphysisches erwarten.

BREM Barmherzigkeit? Gerechtigkeit? Frieden?

FATIMA Aber nein. Regen. Es ist der Regen.

BREM *(enttäuscht)* Regen?

FATIMA Ja, ich suche den Regen. Das nasse Gold, das vom Himmel fällt. Euer Land ist so reich daran. Und in dieser Gegend regnet es angeblich besonders oft und viel. Hier ist es so richtig nass und trüb. Deshalb bin ich hierher gereist.

JUNIORCHEF *(protestierend)* Also bitte, das stimmt nicht. Wir haben hier nachweislich 1600 Sonnenstunden im Jahr. Deshalb kommen unsere Gäste, unsere ... heimischen Gäste auch so gerne zu uns. Nicht nur deshalb natürlich.

FATIMA Wissen Sie, ich leide unter der Sonne. Ich vertrage sie nicht. Ich verstecke mich vor ihr. Darum habe ich meiner Heimat den Rücken gekehrt. Ich liebe das Grau, ich suche den Regen. Deshalb bin ich hier.

TRÖMERBUSCH *(sarkastisch)* Oh, welch anrührende Geschichte. Da bleibt kein Auge trocken. Danke. Genug. Mir reicht's.

Trömerbusch stapft wütend zum Bühnenrand vor und verbeugt sich hastig.

TRÖMERBUSCH Damit sind die Sternstunden für mich beendet. Ich danke für Ihre Aufmerksamkeit.

Trömerbusch nickt den Anwesenden auf der Bühne flüchtig zu und verabschiedet sich.

TRÖMERBUSCH *(zynisch)* Herr Reichenshoffer, Frau ... Brem. Frau ... Fatima. Es war mir ein Vergnügen. – Ich darf mich nun zurückziehen.

Trömerbusch geht wütenden Schrittes ab. Reichenshoffer springt zur Seite, schnappt das große Buch und läuft dem Autor nach.

JUNIORCHEF Herr Professor, bitte, das Gästebuch!

Ghulam Fatima wendet sich nochmals der Moderatorin Brem zu.

FATIMA Ich glaube, er weiß den Regen nicht zu schätzen.

BREM Nicht nur den Regen, Fatima. Nicht nur den Regen.

Das Bühnenlicht erlischt.

SZENE SECHS

Zehn Minuten später. Wir blicken ins Hotelzimmer von Frederic Trömerbusch. Er wirkt mental angeschlagen. Einmal geht er ruhelos auf und ab, dann starrt er ins Leere und schüttelt ungläubig den Kopf, dann wieder setzt er sich auf sein Bett und vergräbt sein Gesicht in den Händen.

TRÖMERBUSCH *(zu sich selbst)* Was habe ich verbrochen, was habe ich nur verbrochen.

Es klopft an der Zimmertür. Trömerbusch reagiert nicht darauf. Die Tür öffnet sich. Die vollverschleierte Frau betritt den Raum. Der Autor wirkt wenig überrascht. Er scheint kaum Notiz von ihr zu nehmen.

VERSCHLEIERTE *(mit veränderter Stimme, ohne Akzent)* Hallo. Kuckuck. Ich bin's.

TRÖMERBUSCH Ja, ich weiß. Du warst und bist hier nicht zu übersehen.

VERSCHLEIERTE *(mit gespielter Enttäuschung)* Du hast mich erkannt? War meine Stimme nicht gut? Schade. Dabei habe ich mich so bemüht. Ich habe mein ganzes

Repertoire aus dem Probemonat im Max-Reinhardt-Seminar ausgepackt.

TRÖMERBUSCH *(streng)* Was soll das?

VERSCHLEIERTE Was soll was?

TRÖMERBUSCH Dein peinliches Kostüm.

VERSCHLEIERTE Das ist kein Kostüm. Das ist eine Burka. Das ist nicht peinlich. Das ist religiös.

TRÖMERBUSCH Und du findest das wahrscheinlich auch noch wahnsinnig witzig.

Die verschleierte Frau beginnt nun, ihre Burka abzulegen. Zum Vorschein kommt – Lisa. Ihr flippiges Outfit unter der Burka stellt den maximalen Kontrast zum schwarzen Umhang dar, als hätte die Person eine Zeitreise durch einige Jahrhunderte angetreten.

LISA Es war ja nicht mehr auszuhalten. Ich musste tätig werden. Ich musste mir etwas einfallen lassen.

TRÖMERBUSCH Toller Einfall. Bravo. Und an mich hast du dabei gar nicht gedacht?

LISA An dich? Wieso an dich?

TRÖMERBUSCH Immerhin bist du mit mir hier, hast du das vergessen? Wolltest du mich öffentlich blamieren?

LISA *(murmelt vor sich hin)* Das war nicht mehr notwendig.

TRÖMERBUSCH Was?

LISA Also – erstens weiß kein Mensch, dass wir uns ... kennen. Zweitens hat das nichts mit dir zu tun. Du machst deine Arbeit, und ich mache meine Arbeit.

TRÖMERBUSCH Arbeit? Höre ich Arbeit? Diese Clownerie nennst du Arbeit?

LISA Ja, das wird mein neuer Blog im Netz. Das ist hochbrisant. Das wird die Wogen hochgehen lassen. Ich trete in unterschiedlichen Gesellschaften mit Burka auf und teste die Reaktionen.

TRÖMERBUSCH Gut, Lisa, hier hast du einmal meine Reaktion. – Scheiße! Ich finde das echt scheiße, einfach nur scheiße, was du hier abgezogen hast.

LISA Okay, das nehme ich zur Kenntnis. Es war klar, dass mein Erscheinungsbild polarisieren wird. Das ist ja auch der Sinn der Sache. Man sieht so einen schwarzen Pinguin – und jeder denkt etwas anderes. Islamistin. Exotin.

Unterdrückte. Aussätzige. Provokateurin. Eine Burka polarisiert.

TRÖMERBUSCH Das hat nichts mit Polarisieren zu tun. Das war billige Provokation auf Schulmädchenniveau. – Eine perfekt Deutsch sprechende Vermummte aus Abu Dhabi reist mutterseelenallein durch die Welt und sucht – das nasse Gold, das vom Himmel fällt. Wie kommst du auf so eine Geschichte?

LISA Ist mir spontan eingefallen.

TRÖMERBUSCH So ein Schwachsinn.

LISA Ich find's genial. Ganz nach der Lehrmeinung des großen zeitgenössischen Schriftstellers Friedrich, Verzeihung, Frederic Trömerbusch. – Mache nie das Erwartbare! Deine Worte, mein Lieber. Du hattest sie ja gerade beeindruckend kommentiert.

TRÖMERBUSCH Warum verhöhnst du mich?

LISA Ich verhöhne dich nicht. Im Gegenteil. Ich schütze dich nur vor dir selbst.

TRÖMERBUSCH Wie meinst du das jetzt wieder?

Es entsteht eine Schweigepause, ehe Lisa zu reden beginnt. Sie wirkt plötzlich betreten. Ihr Gesichtsausdruck wird ernst.

Ihre Stimme ist ruhig, ihre Sprache frei von ironischen Untertönen.

LISA Weißt du, warum ich es gemacht habe? Warum ich mir die Burka übergeworfen habe und auf die Bühne gegangen bin? – Ich habe es nicht mehr ausgehalten. Es war unerträglich. Ich konnte dir nicht mehr zuhören. Ich konnte dich nicht mehr über dich reden hören.

TRÖMERBUSCH Irrtum, Lisa. Ich habe nicht über mich geredet. Das war nicht ich. Du kennst mich. Ich war als Person gar nicht anwesend. Es ging um – Literatur. Wir haben über abstrakte Literatur gefaselt, das heißt – *sie* hat gefaselt, und ich habe meinen Kren dazugegeben. Das nennt man Autorengespräch.

LISA Wie du mit der Moderatorin, wie du mit dieser armen Frau umgegangen bist – das war schlimm genug. Du warst richtig böse, griesgrämig, abweisend, arrogant, einfach böse. Eine Frau, die dich verehrt, die deine Bücher schätzt – wie kann man nur so grob und gemein zu ihr sein?

TRÖMERBUSCH Ich hatte sie nicht darum gebeten, mich zu verehren. Ich will nicht verehrt werden. Ich hasse es, verehrt zu werden. Von irgendwem. Ich bin genug verehrt worden, von Menschen, die ich mir nicht ausgesucht habe. Sollen sie doch bitte meine Scheiß-Bücher lesen und mich mit ihrer Verehrung verschonen.

LISA Ja, genau. Jetzt sind wir dort, wo es für mich unerträglich wird. Wo du für mich unerträglich wirst. Wenn du dich selbst so heruntermachst. Wenn du dich verleugnest. Wenn du deine eigenen Bücher in den Schmutz ziehst.

TRÖMERBUSCH Das sagst ausgerechnet du? Hast du dich denn jemals für meine Arbeit interessiert? Hast du mich jemals danach gefragt? Hast du auch nur einen einzigen Roman von mir zu Ende gelesen? So sehr habe ich es mir gewünscht. Stundenlang hätte ich mit dir darüber geredet. Ich hätte gar nicht genug davon bekommen. Aber das hat dich eben alles nicht interessiert.

LISA Friedrich, das tut mir leid. Es ist einfach nicht ... was soll ich tun ... es sind nicht meine Themen. Liebe, Leben, Tod, die großen Gefühle, die Fragen nach dem Sinn, der Weltschmerz – das ist mir zu schwermütig, das ist nichts für mich. Vielleicht kommt das noch. Ich bin anders. Ich bin eine Bloggerin. Ich interessiere mich für ... Social Media, Poetry Slams, Creative Dancing, Schauspiel, Fußball, Mode, Trends. Das ist meine Welt. Dort bin ich zu Hause.

TRÖMERBUSCH Dann frag ich mich, was du überhaupt ...

Er bricht den Satz ab und schweigt.

LISA Was du überhaupt was?

TRÖMERBUSCH Ach nichts.

LISA Doch, sag es.

TRÖMERBUSCH ... Was du überhaupt an mir findest. Ja, was bedeute ich dir? *Du* warst es doch, die mir geschrieben hat. *Du* wolltest mich kennenlernen. *Du* wolltest mit mir einmal eine ... eine Nacht verbringen. Und dann noch eine Nacht. Und noch eine Nacht. *Du* wolltest mit mir auf Reisen gehen. *Du* wolltest mir nahe sein. *Du* wolltest mit mir zusammen sein. Warum? Sag mir bitte, warum?

LISA Weil, weil, weil ... du für mich ein unglaublich spannender, charismatischer Mensch ... also ... Mann warst. Weil du vollgeladen warst mit Energie, mit positiver Energie. Weil du Großes geleistet hast – und Feuer und Flamme dafür warst. Du warst jemand, zu dem ich aufschauen konnte, von dem ich mir etwas abschauen konnte, von dem ich lernen konnte. Du warst für mich wie ein ... zweiter Vater.

TRÖMERBUSCH *(deprimiert)* Vater.

LISA Ja, aber nicht nur. Schon auch ... schon auch ...

TRÖMERBUSCH Schon auch was?

LISA Schon auch ... wie ein großer ... Bruder.

TRÖMERBUSCH Bruder.

LISA Nein, du verstehst mich nicht. Es war natürlich auch ... körperlich, ein bisschen, hin und wieder. Das hat ausgestrahlt.

TRÖMERBUSCH Ausgestrahlt.

LISA Ja. Deine Dynamik, dein Wille, deine Überzeugungskraft. Das hat mir imponiert, das hat mich angezogen. Du hast dein Ding gemacht, kompromisslos, gegen alle Widerstände, allen Kritikern und Skeptikern zum Trotz. Du hast deine Bücher geschrieben, so, wie du sie schreiben wolltest. Und du bist wie ein Fels dahintergestanden, mit Stolz und Leidenschaft.

TRÖMERBUSCH Aber das verbraucht sich, das nützt sich ab. Diese Energie ist nicht ewig konservierbar. Ich bin keine ...

LISA *(gelangweilt)* Du bist keine fünfzig mehr. Ja, das kennen wir schon.

TRÖMERBUSCH Lisa, die Bücher, die Bühne, das Rampenlicht, der Hunger nach Erfolg, die Geltungssucht, das war gestern. Das ist in den Hintergrund gerückt. Das ist Geschichte. Das beschäftigt mich nicht mehr. Das bedeutet mir nichts mehr.

LISA So? Was bedeutet dir dann noch was?

TRÖMERBUSCH Muss ich dir das wirklich sagen?

LISA Ja, sag es. Ich erkenne es nicht, ich erkenne da gar nichts mehr. Was bedeutet dir was?

Trömerbusch setzt gestenreich zu einem theatralischen Akt der Liebesbekundung an.

TRÖMERBUSCH DU! Du bedeutest mir was. Du bedeutest mir viel. Du bedeutest mir – alles. Gibt es ein Wort, mit dem man alles sagen kann? Ja! Für mich heißt es – Lisa.

LISA *(niedergeschlagen)* Scheiße.

TRÖMERBUSCH Wieso sagst du das? Wieso sprichst du so?

Es entsteht eine Schweigepause. Lisa seufzt tief – und drückt herum.

LISA Also ... es trifft sich jetzt eher zufällig, es war nicht so geplant, das musst du mir glauben. Aber ich wollte dir ohnehin ... etwas sagen. Ich will auch gar nicht lange ... herumreden. Du wirst es ... sicher auch schon bemerkt haben. Ich glaube ... also ... es geht nicht mehr so weiter.

TRÖMERBUSCH Was? Wie? Was geht nicht mehr weiter so? Wie so? Wieso? Wie geht was nicht weiter? Was meinst du?

LISA Ich meine – uns zwei. Mit uns zwei geht es nicht mehr … weiter … so … wie bisher. Ja, es ist besser, wenn wir … wenn wir uns … zumindest eine Zeitlang … wenn wir uns nicht mehr … du verstehst …

TRÖMERBUSCH Du willst Schluss machen?

LISA Schluss, das ist … so ein hartes Wort. Das klingt so endgültig.

TRÖMERBUSCH Du willst Schluss machen.

LISA Nein, also, nicht so direkt, sondern nur …

TRÖMERBUSCH Indirekt.

LISA Friedrich, wir zwei, wir sind einfach … zu verschieden. Das geht nicht zusammen, auf Dauer. Ich brauche wieder mehr … wieder mehr … Luft … und Zeit für mich … und …

TRÖMERBUSCH Du hast einen Anderen.

LISA Nein. Nein. Nein. Bitte nicht.

TRÖMERBUSCH *(aggressiv)* Natürlich. Du hast einen Anderen. Du gehst mit einem Anderen ins Bett. Wer ist es? Sag schon. Kenne ich ihn? Wie alt ist er? Darf ich schätzen? Dreißig. Ist er sportlich? Ist er durchtrainiert? Wie oft kann er? Dreimal? Viermal?

Lisa hält sich die Ohren zu. Sie wird richtig wütend.

LISA *(wütend)* Hör auf. Hör sofort auf damit! Das ist unter deinem Niveau. Oder willst du es mir gar so leicht machen? Dann tu nur weiter so. Mach mir eine Szene. Schwing die beschissene Eifersuchtskeule. Sei einer von hunderttausend blöden Männern, die es einfach nicht kapieren.

TRÖMERBUSCH Die was nicht kapieren? Sag es. Sprich es aus.

LISA *(eindringlich)* Ich habe keinen Anderen! Es geht nicht um einen Anderen. Es geht um dich. Und um mich. Es geht um uns. Wir passen nicht zusammen. Wir sind zu verschieden. Wir haben auf Dauer zu wenig gemeinsame ... wir haben praktisch keine gemeinsamen ...

TRÖMERBUSCH *(ruhig)* Also du willst nicht mehr.

LISA *(kleinlaut)* Ich, ich ... Es geht nicht mehr.

TRÖMERBUSCH Was jetzt? Es geht nicht mehr? Oder du willst nicht mehr? Das ist ein Unterschied.

LISA Nein.

TRÖMERBUSCH Was nein?

LISA Das ist kein Unterschied. Das bedingt sich.

TRÖMERBUSCH Was bedingt sich?

LISA Es geht nicht mehr, weil ... weil ...

TRÖMERBUSCH Weil du nicht mehr willst.

LISA Ja.

TRÖMERBUSCH Okay. Ich hab's verstanden.

Trömerbusch verfällt in eine Art Schockstarre. Sein Blick ist leer. Lisa geht auf ihn zu und versucht ihn zu trösten.

LISA Friedrich, das heißt nicht, dass wir nicht ...

TRÖMERBUSCH *(abweisend)* Bitte lass mich. Geh jetzt!

LISA Gehen? Wohin soll ich gehen? Hier ist nichts, wo man hingehen kann.

TRÖMERBUSCH Bitte geh! Ich möchte allein sein.

LISA Aber vielleicht ist es besser, wenn wir ... noch einmal ... in aller Ruhe ... wie zwei Erwachsene ... dass wir darüber reden ...

TRÖMERBUSCH *(lauter)* Ich bitte dich, geh endlich! Lass mich allein!

LISA Okay, okay, okay. Ich geh ja schon.

Lisa wendet sich von Trömerbusch ab und verlässt den Raum. Trömerbusch bleibt in sich versunken zurück. Er hält sich die Hände vors Gesicht. Er beginnt zu schluchzen.

SZENE SIEBEN

Wir befinden uns im Hotellobby-Bereich außerhalb der Raucherzone und blicken in zwei ganz und gar unentspannte Gesichter: David-Christian Reichenshoffer und Mariella Brem haben in antiquierten Hotelsofas Platz genommen. Brem nippt an einer Tasse Tee, der Juniorchef führt sich per Strohhalm einen Energy-Drink zu. Hin und wieder greift er verlegen in eine auf dem Beistelltisch befindliche kleine Schüssel, vermutlich Erdnüsse, und wirft sich diese, verspielt wie ein Kind, von oben in den Mund. Brem beobachtet solche und ähnlich kulturlose Gesten mit Abscheu.
Die Situation riecht jedenfalls nach einer geplanten Aussprache, die nicht so recht in die Gänge kommen will.

JUNIORCHEF Das ist ja ordentlich danebengegangen.

BREM Na und, wen kümmert's?

JUNIORCHEF Mich kümmert's. Ich bin der Chef. Ich trage die Verantwortung.

BREM Keine Angst, das wird schon niemand ausplaudern. Die Leute bleiben ja notgedrungen unter sich, mehr oder weniger. Und Sie können sich immerhin rühmen, wieder einen fetten Fisch an Land gezogen zu haben. Darum geht es Ihnen doch, um die Trophäe für die Hotelgalerie, um sonst gar nichts. Nicht wahr?

Es entsteht eine Schweigepause.

JUNIORCHEF Warum hassen Sie mich eigentlich so?

BREM Ich Sie? Soll das ein Witz sein? Wer hasst da wen?

JUNIORCHEF Doch. Sie hassen mich. Immer schon. Schon als ich noch ein Schulbub war, oder ein Jugendlicher. Was hab ich Ihnen getan? War ich Ihnen ... im Weg?

BREM Wie meinen Sie das – im Weg? Unsere Wege haben sich meiner Erinnerung nach nie gekreuzt. Inwiefern kann ich Ihnen da im Weg gewesen sein. Oder Sie mir? In welchem Weg?

JUNIORCHEF Im Weg zu meinem Vater, vielleicht.

BREM Zu Ihrem Vater?

Brem lacht übertrieben laut auf.

JUNIORCHEF Natürlich, glauben Sie denn, ich war blind? Wir haben das doch alle mitbekommen, die ganze Familie, das ganze Hotel. War ja nicht zu übersehen, wie Sie ... wie Sie ...

BREM *(scharf)* Wie ich was? Passen Sie auf, was Sie jetzt sagen.

JUNIORCHEF Ich sage gar nichts, ich sage am besten gar nichts.

BREM Ihren Vater und mich, uns hat etwas verbunden, von dem Sie leider keinen blassen Schimmer haben, junger Mann – die Kultur. Er war ein feiner, gebildeter, belesener, kluger Mensch. Dafür habe ich ihn geschätzt. Dafür habe ich ihn ... von mir aus ... verehrt. Und er mich. Das war unsere Bindung, das war unsere Beziehung über viele Jahre – eine geistige. Von diesem Geist hat das Haus hier gelebt, glauben Sie mir. Aber warum erzähle ich Ihnen das? Geist ist für Sie ja ein Fremdwort.

JUNIORCHEF Doch, doch, reden Sie nur vom Geist. Sonst bleibt Ihnen ohnehin nicht viel. Mein Vater hatte das Riesenhotel und er hatte Familie. Er hatte Großeltern und Eltern, die das Haus zu einer der ersten Adressen des Landes gemacht haben. Er hatte eine tolle Frau an seiner Seite, die die Küche praktisch im Alleingang geschupft hat. Und er hatte mich, einen Sohn, einen Erben. Immerhin. Und Sie, Frau Brem? Was hatten Sie? – Sie hatten den Geist. Was bleibt Ihnen heute? – Der Geist. Keine Angst, der gehört Ihnen, den nimmt Ihnen keiner weg.

Brem gehen diese hämischen Worte durch Mark und Bein. Aber sie beißt die Lippen zusammen.

BREM Gut. War es das, was Sie mir mitteilen wollten?

JUNIORCHEF Nein, nein. Es geht um ... es geht um ... etwas rein Dienstliches. Es geht um die Sternstunden.

BREM Okay. Inwiefern?

JUNIORCHEF Also, Frau Brem, Ihr alter Vertrag endet in ... äh ... drei Monaten.

BREM Ah so. Keine Angst, ich stelle keine neuen Forderungen, ich verlange nicht mehr Geld. Wir können das so belassen. Ich mache das aus reinem, aus purem Idealismus. Ich fühle mich sozusagen verpflichtet ...

JUNIORCHEF Ich werde Ihren Vertrag nicht verlängern.

BREM Wie bitte?

JUNIORCHEF Ja, Sie haben recht gehört. Ich werde Ihren Vertrag nicht verlängern. Die Sternstunden werden eingestellt.

Für Mariella Brem bricht eine Welt zusammen. Sie reagiert geschockt und verzweifelt.

BREM Nein, das können Sie nicht ... das können Sie nicht machen.

JUNIORCHEF Natürlich kann ich das machen. Und ich werde es machen.

BREM *(stammelt vor Erregung)* Ich habe Ihrem Vater ... noch am Sterbebett habe ich Ihrem Vater ... hoch und heilig versprochen ... Es war ihm ... es war ihm ... es war sozusagen sein letzter ... sein allerletzter ... sein sehnlichster Wunsch, dass das Kulturerbe ...

Nun bricht es aus Reichenshoffer junior so richtig heraus.

JUNIORCHEF *(brüllt)* Kulturerbe. Kulturerbe. Kulturerbe. – Ich kann dieses Wort nicht mehr hören. Seit ich auf der Welt bin, geht es nur um eines – um das Kulturerbe. Es wandert wie ein Spuk von Generation zu Generation. Mein Urgroßvater, meine Oma, mein Vater .... sie alle hatten nur dieses verdammte Kulturerbe im Kopf. Das war ihnen wichtiger als die eigenen Kinder. Jeder in der Reihe war nur dazu da, das Kulturerbe weiterzutragen. Und nun? Alle sind sie gestorben, keiner ist mehr da. Und dieses beschissene Kulturerbe – das existiert noch immer, das ist nicht umzubringen, das soll weiter und weiter und immer weiter leben. Aber nicht mit mir. Ich habe genug davon. Kulturerbe aus und vorbei! Kulturerbe finito! Die Sternstunden werden eingestellt. Und Sie, Frau Brem, tut mir leid, Sie sind gekündigt.

Mariella Brem springt auf und stellt sich bedrohlich vor Reichenshoffer junior hin. Ein paar Mal setzt sie an, sich

Luft zu machen und etwas zu erwidern. Aber sie bringt nichts heraus. Schließlich weichen die Gesten des Zorns jenen der Kapitulation.

BREM Ich ... ich ... ich ...

JUNIORCHEF Ja?

BREM Ich ... glaube, ich ... werde dann gehen. Ich ... gehe dann. Ich gehe.

Sie dreht sich um und hat es eilig, den Raum zu verlassen, bevor die aufgestauten Gefühle endgültig herausbrechen. Reichenshoffer junior bleibt zurück. Auch er wirkt schwer angeschlagen. Er lässt sich erschöpft in sein Sofa zurückfallen, schließt die Augen und murmelt vor sich hin.

JUNIORCHEF Kultur. Kultur. Kultuuuuuuur.

Schließlich, als wollte er das bedrückende Thema für sich abschließen, gibt er sich einen Ruck, richtet sich auf, streckt sich, beugt sich vor, greift in die Schüssel, steht auf, wirft Erdnüsse in die Luft und versucht sie mit dem Mund aufzufangen.

SZENE ACHT

Eine halbe Stunde später. Nun lernen wir noch einen weiteren Bereich der Hotellobby kennen – die um diese Zeit bereits verwaiste Fernsehecke. Nur eine einzige Person ist anwesend. – David-Christian Reichenshoffer. Er ist bequem gekleidet, lümmelt auf einer Couch und lagert die Beine hoch auf einem Tisch. Obwohl wir den Bildschirm nur von hinten sehen und lediglich den Ton hören, ist schnell klar, worin sich der Juniorchef gerade vertieft und was ihn ziemlich mitfiebern lässt: ein Fußballmatch. Einige Male springt er auf, boxt sich mit der Faust in die andere Hand und ärgert sich über offenbar vergebene Torchancen oder Schiedsrichter-Fehlentscheidungen.

JUNIORCHEF *(springt auf, wild protestierend)* Foul! Elfmeter! – Der gibt das nicht! Ja gibt's denn das? Das gibt's doch nicht! Bist du deppert?

Er lässt sich wieder in den Sitz fallen, die Füße auf dem Tisch. Plötzlich betritt eine weitere Person den Fernsehraum: Lisa. Reichenshoffer nimmt sie aus dem Augenwinkel wahr und fühlt sich wie bei etwas Unanständigem ertappt. Er zieht sofort die Beine ein und mimt den desinteressierten, unabsichtlich an diesen Sender geratenen Fernsehkonsumenten. Lisa schaut ihm von hinten über die Schulter.

LISA Was ist das?

JUNIORCHEF Das ist ... äh ... Fußball?

LISA Ja, das sehe ich auch. Aber wer gegen wen?

JUNIORCHEF Ich glaube ... ich glaube, das müssten ... so weit ich das erkenne ... zwei spanische Mannschaften ...

LISA *(aufgeregt)* Ah. Barcelona gegen Real Madrid. Das Cupfinale, das ist ja heute! Wie steht's?

Reichenshoffer wirft ihr einen anerkennenden Blick zu. Zögerlich outet er sich als Insider.

JUNIORCHEF Zwei zu eins für Barcelona.

LISA *(triumphierend)* Yes!

Reichenshoffer lässt erkennen, dass er das gar nicht »yes« findet.

JUNIORCHEF Aber es ist noch nichts entschieden.

LISA Wie lange geht's noch?

JUNIORCHEF Neunzig Minuten sind um. Nachspielzeit. Aber Real Madrid macht irren Druck. Das sind die mit den weißen ...

LISA Danke, danke, ich bin im Bilde.

JUNIORCHEF *(aufgeregt)* Ah, Ronaldo im Strafraum. Jetzt wird's heiß!

LISA Ui, der Kotzbrocken. *(Zu Ronaldo.)* Schieß daneben, schieß daneben. Jawohl, ich hab's gewusst.

JUNIORCHEF *(beleidigt)* Ronaldo ist kein Kotzbrocken, Ronaldo ist der größte Spieler der Welt.

LISA Aber nur, wenn er sich im Spiegel sieht.

JUNIORCHEF Sagen Sie bloß, Sie sind ein Messi-Fan.

LISA Natürlich bin ich das! Barcelona ist Lionel Messi. Ich liebe ihn.

JUNIORCHEF Wie kann man den lieben?

LISA Den *muss* man lieben, wenn man was von Fußball versteht. Der Mann ist pure Leidenschaft. Ich könnte ihm stundenlang zusehen.

JUNIORCHEF Zusehen wobei? Der kann ja nur laufen, laufen, laufen. Und Tore schießen.

LISA Keine schlechten Eigenschaften für einen Fußballer. Für mich ist er der Allergrößte.

JUNIORCHEF *(springt auf)* Aber jetzt!

LISA Schon abgepfiffen, klares Abseits.

JUNIORCHEF Das war niemals Abseits.

LISA Doch, passives Abseits, die Nummer vierzehn, der hier.

Lisa eilt vor zum Fernsehgerät und tippt mit dem Finger darauf.
Danach blicken beide noch einmal gebannt auf den Bildschirm.

LISA *(triumphierend)* So, das war's mein Lieber. Schlusspfiff. Barcelona ist Cupsieger. Viva Barça! Barça, Barça, Barça!

Reichenshoffer junior bestaunt die jubelnd herumtänzelnde Lisa. Jetzt nimmt er sie erst so richtig wahr und wirkt angetan. Er kann seinen Blick gar nicht von ihr lösen.

LISA Warum schauen Sie so? Ist was mit mir?

JUNIORCHEF Nein, nein. Entschuldigung. Ich habe nur ... ich habe nur ... schon lange ...

LISA Keine so schöne Frau gesehen. Danke.

JUNIORCHEF Nein, nein. Ich habe nur schon lange keinen jungen Menschen mehr gesehen.

LISA Ah so. Ja, klar.

JUNIORCHEF Wer sind Sie eigentlich? Was machen Sie da, so spät? Sie sehen nicht so aus, als würden Sie unbedingt ... hierher gehören.

LISA Danke für das Kompliment. Ich bin hier Gast. Ich hatte gerade ... ein bisschen ... Streit mit meinem ...

JUNIORCHEF Mit Ihrem Freund?

LISA Mit meinem ... Vater.

JUNIORCHEF Ihr Vater? Wer ist es?

LISA Ah, den werden Sie nicht kennen. Und Sie? Gehören Sie zum Hotel?

JUNIORCHEF Ja, das kann man sagen.

LISA Darf ich raten – Zimmerservice? Nachtwächter? Nachttresor-Bewacher?

Reichenshoffer junior schaut betreten drein. Lisa klopft ihm auf die Schulter und lacht laut auf.

LISA Spaß! – Sie sind der Hotelbesitzer, ich weiß es. Ich habe Sie vorhin bei der ... bei dieser Literaturveranstaltung ... erlebt.

JUNIORCHEF Ja? Das haben Sie sich angesehen? *(Lächelnd.)* Hat Sie Ihr Vater dazu gezwungen?

LISA Äh, indirekt, mehr oder weniger. Egal. *(Pause.)* Darf ich Ihnen meine ehrliche Meinung sagen?

JUNIORCHEF Ja, bitte.

LISA Sie wirken nämlich so wie jemand, der es verträgt, wenn man ihm die ehrliche Meinung sagt.

JUNIORCHF Ah so?

LISA Ja. Wie einer, der sich etwas sagen lässt.

JUNIORCHEF Ich habe mir schon so viel sagen lassen müssen.

LISA Das merkt man.

JUNIORCHEF Aha?

LISA Ja, ja. Sind sind genau der Typ, der sich ständig etwas sagen lassen muss. Das erkennt man sofort.

JUNIORCHEF Ah so?

LISA Ja. Und darum vertragen Sie auch das ehrliche Wort.

JUNIORCHEF Ah ja.

LISA Auch wenn es unangenehm ist.

JUNIORCHEF Es ist fast immer unangenehm.

LISA Ja, so wie es ehrlich wird, wird es meistens unangenehm.

JUNIORCHEF Ja, da haben Sie recht.

Schweigepause. Die beiden schauen sich an. Sie mögen sich.

JUNIORCHEF Wollten Sie mir nicht etwas sagen? Ihre ehrliche Meinung?

LISA Ah ja, richtig. Also ... äh. *(Pause.)* Darf ich *du* zu dir sagen? Dann fällt es mir nämlich leichter.

JUNIORCHEF Von mir aus. David-Christian. Freut mich.

LISA David genügt mir. Ich bin die Lisa. Freut mich auch.

Sie schütteln einander die Hände.

JUNIORCHEF Was willst du mir sagen?

LISA David, also ... Ansprachen sind ja nicht gerade deine Stärke.

JUNIORCHEF Nein?

LISA Nein. Auf der Bühne bist du nämlich ... eine Katastrophe!

JUNIORCHEF Ehrlich?

LISA Ja, ehrlich. Rhetorisch ... nahezu ... eine Null.

JUNIORCHEF Echt jetzt?

LISA Ja, und in der freien Rede total verkrampft. Hilflos. Humorlos. Substanzlos.

JUNIORCHEF Substanzlos?

LISA Ja, also sagen wir, wie es ist: Auf der Bühne bist du echt scheiße.

JUNIORCHEF Ja?

LISA Ja, das wollte ich dir sagen.

JUNIORCHEF Gut.

LISA War's schlimm?

JUNIORCHEF Nein, überhaupt nicht.

LISA Warum nicht?

JUNIORCHEF Weil ich einer bin, der sich etwas sagen lässt.

LISA *(irritiert)* Ah so. Ah ja.

Reichenshoffer lacht auf und klopft ihr auf die Schulter.

JUNIORCHEF Nein, Spaß! – Weil ich ohnehin damit aufhöre.

LISA Womit hörst du auf?

JUNIORCHEF Mit diesen ... diesen Sternstunden.

LISA Gute Idee.

JUNIORCHEF Mit Literaturveranstaltungen generell. Mit Kultur überhaupt.

LISA Moment. Kultur ist nicht Kultur.

JUNIORCHEF Doch. Kultur ist Kultur. Und Kultur liegt mir nicht. Ich hasse sie. Sie klebt wie ein Klotz an meinem Bein. Ich habe sie geerbt. Ich mache das nur für meinen Vater.

LISA Freut er sich wenigstens?

JUNIORCHEF Nein, es ist ihm egal. Er ist tot.

LISA Und du kannst hier alles bestimmen?

JUNIORCHEF Ja.

LISA Dann hör auf mit der Kultur deines Vaters.

JUNIORCHEF Genau. Schluss mit so alten, selbstherrlichen Säcken wie diesem Trömerbusch.

LISA *(protestierend)* Also halt, das ist jetzt unfair. Sack ist der keiner. Alt vielleicht, aber kein Sack. Das kannst du mir glauben, das weiß ich ... quasi aus erster Hand, also ich meine ... das sieht man.

JUNIORCHEF Egal, jedenfalls hab ich genug von diesen abgehobenen Stars aus der ersten Reihe.

LISA Dann hör auf mit der Kultur deines Vaters. – Und mach deine eigene Kultur.

JUNIORCHEF Meine Kultur? Die kenne ich nicht. Die gibt es nicht. Ich habe keine Kultur. Ich habe zwar ein

Kulturhotel, aber keine Kultur. Ich bin praktisch kulturlos.

LISA Jeder hat eine Kultur, so kulturlos kann er gar nicht sein. Ich sehe schon – du brauchst jemanden, der dir hilft, deine Kultur zu entdecken. Eine Kultur fürs Hotel, eine passende, zeitgemäße. Du brauchst ein völlig neues Konzept.

JUNIORCHEF Ah so?

LISA Ja. Du brauchst eine Beraterin, eine Managerin, eine Eventmanagerin, eine künstlerische Leiterin. – Eine in deinem Alter. Eine junge. Eine, die dich versteht.

JUNIORCHEF Ja, das wäre gut, wenn sie mich versteht.

LISA *(geschäftig)* Okay. Eine wichtige Frage: Wie geht es dem Hotel? Ich meine finanziell. Ist es verschuldet?

JUNIORCHEF *(empört)* Nein. Natürlich nicht. Sonst würde ich mir das doch nicht antun. Die Reichenshoffers waren nie verschuldet. Das hätte keiner gewagt. Der Großvater war da brutal, der hat jeden Cent umgedreht – und dabei gleich noch einen Euro draufgeschlagen.

LISA Schilling.

JUNIORCHEF Wie bitte?

LISA Schilling. Damals hieß die Währung Schilling.

JUNIORCHEF Ah so? Egal. Opa hat die Gäste jedenfalls ausgenommen wie die Weihnachtsgänse. Sein Motto: Nenne es Luxus, und du kannst verlangen, was du willst. Damit sind wir immer gut gefahren. Die Schweiz hat uns geliebt, ich meine die Schweizer Banken.

LISA Gut. Aber die Leute, von denen du verlangen kannst, was du willst, die sterben leider gerade aus.

JUNIORCHEF Ja, das stimmt.

LISA Deshalb brauchst du ein neues Konzept.

JUNIORCHEF Wahrscheinlich.

LISA Und jemanden, der es umsetzt.

JUNIORCHEF Okay?

LISA So jemanden ...

JUNIORCHEF Ja?

LISA Wie mich.

JUNIORCHEF Wie dich?

LISA Genau.

JUNIORCHEF Und du kannst das?

LISA Natürlich. Ich mache nichts anderes. Schau dir einmal meine Website an: www.lisa-inferno.de.

JUNIORCHEF Und du hättest Ideen? Ich meine für das Hotel. Was man hier machen kann, statt der Sternstunden.

LISA Ideen? Natürlich. Jede Menge.

JUNIORCHEF Zum Beispiel?

LISA Zum Beispiel ... zum Beispiel ... da muss ich ein bisschen ausholen. Sag, darf ich hier eine Zigarette rauchen?

JUNIORCHEF Nein, das ist leider strengstens verboten. Das hat schon der Großvater ...

LISA *(unterbricht)* Okay, alles klar. Dann gehen wir hinaus. Machen wir einen kleinen Spaziergang.

JUNIORCHEF Spaziergang? Wohin?

LISA Keine Ahnung, du bist hier der Chef, du musst das wissen.

JUNIORCHEF Also ich kenne hier nur den Kurpark und die Kurhalle und das Kurbad mit Kur-Massageraum und Kur-Dampfkammer.

Lisa geht auf David zu, hängt sich zum Promenieren in seinem Arm ein und führt ihn Richtung Ausgang.

LISA Okay, dann fangen wir einmal mit dem Kurpark an. Und wenn dir mein Konzept gefällt und wir uns über das Finanzielle einig sind, dann können wir ja noch einen Abstecher in die Sauna machen. Zum Feiern.

JUNIORCHEF *(unsicher)* Okay?

Es folgt noch ein kurzer Dialog beim Verlassen des Raumes.

LISA Weißt du, was mir an dir ganz besonders gefällt, David?

JUNIORCHEF Nein.

LISA Du bist jemand, der sich etwas sagen lässt.

Die beiden verschwinden von der Bühne. Das Licht geht aus.

SZENE NEUN

Wir befinden uns zu später Stunde in der Piano-Bar des Hotels. Der Pianist ist natürlich längst nicht mehr vorhanden. Aber immerhin sorgt ein Tonband für einen Hauch von dämmrig dahindösender Live- oder zumindest Survive-Atmosphäre. Wir hören abermals – »Strangers in the Night«. Auch wenn sich hier nichts mehr zu bewegen scheint, sind zwei Personen anwesend. Sie hocken beziehungsweise lehnen je in sich versunken, voneinander abgewandt, in größtmöglicher Entfernung am jeweiligen Ende der Theke – Mariella Brem und Frederic Trömerbusch. Es deutet nichts darauf hin, dass einer etwas von der Präsenz des anderen mitbekommen hat. Vor Trömerbusch baut sich eine halbleere Whiskeyflasche auf, Brem steht ein pokalgroßes, nur noch bescheiden gefülltes Rotweinglas zur Seite. Nein, nüchtern sind sie beide nicht mehr. Ihre Gesichter erwecken den Anschein, als hätten sie den jeweiligen Kummer zur Gänze aufgesaugt und den Grad der Resignation bereits überschritten.

Trömerbusch greift eine Textpassage von »Strangers in the Night« auf und begleitet das Tonband.

TRÖMERBUSCH *(singt beziehungsweise lallt vor sich hin)* Something in your eyes – was so inviting. Something in your smile – was so exciting ...

BREM Ah, Sie sind auch noch da.

TRÖMERBUSCH Bin ich das?

Schweigepause. Beide wirken kurz irritiert, dass sich noch eine zweite Stimme hier im Raum befindet. Zwischen den folgenden Wortmeldungen vergeht viel Zeit.

BREM War auch nicht gerade Ihr bester Tag heute, oder?

TRÖMERBUSCH *(lacht)* Nicht der beste? – Wenn ich einen Tag in meinem Leben ersatzlos streichen könnte, dann nehme ich diesen.

BREM Trösten Sie sich. Mein Tag war sicher noch übler als Ihrer.

TRÖMERBUSCH Das gibt es nicht. Mein Tag ist an Übelkeit nicht zu überbieten.

BREM Was kann schon so Übles passiert sein bei Ihnen?

TRÖMERBUSCH Das Übelste, das einem passieren kann.

BREM Das Übelste, das einem passieren kann, ist mir passiert.

TRÖMERBUSCH Nein. Ihr Übel kann nicht übler sein als meines.

BREM Also was war es bei Ihnen?

TRÖMERBUSCH Ich bin verlassen worden.

BREM Und ich bin entlassen worden.

TRÖMERBUSCH Ich wusste es, mein Tag war übler.

BREM Warum?

TRÖMERBUSCH Verlassen zu werden ist übler als entlassen zu werden.

BREM Wer sagt das?

TRÖMERBUSCH Die Sprache. Das sagt uns die deutsche Sprache. Wörter, die mit »Ver« beginnen, sind immer übler als Wörter, die mit »Ent« beginnen. »Ver« ist immer übler als »Ent«.

BREM Wieso?

TRÖMERBUSCH Sie sind entlassen worden. Seien Sie froh und danken Sie Gott. Man entlässt Sie – in Ihre eigene Verantwortung, lässt Sie wieder Sie selbst sein. »Ent« ist die Hoffnung auf Befreiung. Das Entkommen. Sie sind entkommen. Ich aber bin verlassen worden. »Ver« ist die Verdammnis im Verfall. Das Verkommen.

BREM Interessant.

TRÖMERBUSCH Ja, »Ver« ist immer übler als »Ent«. Entrinnen – die Rettung. Verrinnen – ein Auslaufen, ein Ende.

BREM Sehr interessant.

TRÖMERBUSCH Entgiften – die Rettung. Vergiften – der Tod. Entfallen – die neue Chance. Verfallen – der Untergang.

Mariella Brem wendet sich mit immer größerer Aufmerksamkeit den Ausführungen Trömerbuschs zu. Auch der Autor kommt langsam auf Touren.

TRÖMERBUSCH Verspannen – der schmerzvolle Krampf. Entspannen – die heilvolle Erlösung. Verdecken – ein Zuschütten. Entdecken – die Eroberung der Welt.

BREM Hochinteressant.

TRÖMERBUSCH Ja, Frau ...

BREM Brem.

TRÖMERBUSCH Ja, Frau Brem, »Ver« ist immer übler als »Ent«.

Schweigepause. Brem denkt angestrengt nach.

BREM Nicht immer, Herr Trömerbusch. Nehmen Sie »verzaubern« und »entzaubern«. Wie schön ist das eine, wie ernüchternd und traurig das andere.

TRÖMERUSCH Der Schein trügt, Frau Brem. Die Entzauberung, das ist bloß die beginnende Einsicht, die Rückkehr zur Wirklichkeit. Sie mag schmerzvoll sein, aber sie bringt die Heilung. Die Verzauberung, das ist die Verblendung, das wahre Übel. Verzaubert zu werden – das ist furchtbar. Man ist nicht mehr man selbst. Glauben Sie mir, Frau Brem, ich weiß es. Ich bin verzaubert worden.

BREM Von wem?

TRÖMERBUSCH Von einer jungen ... von einer viel zu jungen ... Frau.

BREM Aha.

TRÖMERBUSCH Ja.

BREM Und diese viel zu junge Frau hat Sie jetzt ... verlassen?

TRÖMERBUSCH Ja.

BREM Das tut mir leid.

TRÖMERBUSCH Mir auch.

BREM Andererseits ...

TRÖMERBUSCH Andererseits?

BREM Andererseits sollten Sie froh sein.

TRÖMERBUSCH Froh.

BREM Ja. Indem sie Sie verlassen hat, sind Sie entzaubert worden. Es mag schmerzvoll sein, aber es bringt die Heilung. Wenn ich Sie richtig zitiere.

TRÖMERBUSCH *(gequält lächelnd)* Ja, da haben Sie im Prinzip Recht, Frau Brem. Aber so weit bin ich noch nicht, so weit bin ich noch lange nicht. Momentan bringt nur er die Heilung, der Whiskey. Oder zumindest eine gewisse Linderung.

Trömerbusch greift zur Flasche, prostet Brem zu und nimmt einen kräftigen Schluck. Danach versinken beide Personen wieder in sich. Es entsteht eine längere Schweigepause.

BREM Sind Sie noch wach, Herr Trömerbusch?

TRÖMERBUSCH *(dösend)* Selbstverständlich. Mein Kopf arbeitet auf Hochtouren. Zumindest dreht er sich auf Hochtouren.

BREM Wissen Sie, was mich interessieren würde?

TRÖMERBUSCH Warum mich Lisa verlassen hat?

BREM Lisa, ist das die viel zu junge Frau? Nein, das interessiert mich nicht. Das kann ich mir denken.

TRÖMERBUSCH Was können Sie sich denken?

BREM Warum sie Sie verlassen hat.

TRÖMERBUSCH So? Warum?

BREM Weil sie eine viel zu junge Frau ist. Und weil Sie für diese viel zu junge Frau einfach ein viel zu alter Mann waren. Deshalb hat sie Sie verlassen.

TRÖMERBUSCH Oh Gott, wie banal das klingt.

BREM Ja, Stoff für einen Roman ist das keiner.

TRÖMERBUSCH Nein. Lisa und meine Romane – das ging nie zusammen.

BREM Aber mich würde etwas ganz anderes interessieren.

TRÖMERBUSCH Ach ja?

BREM Mich interessiert Ihre Liebe vor dreißig Jahren.

TRÖMERBUSCH Meine Liebe vor dreißig Jahren? Wie kommen Sie darauf?

BREM Sie hatten vorhin auf der Bühne behauptet, wortwörtlich hatten Sie das behauptet – Ihre Liebe vor dreißig Jahren interessiert hier kein Schwein. Das stimmt nicht. Mich interessiert sie, mich interessiert sie brennend. Immer schon.

Trömerbusch wirkt, so weit man das in seinem Zustand beurteilen kann, positiv überrascht, beinahe ein wenig beeindruckt. Er beugt sich zu Brem, rückt dann sogar ein bisschen näher zu ihr.

TRÖMERBUSCH Immer schon? Tatsächlich? Was interessiert Sie daran?

BREM Alles. Wen haben Sie da geliebt, vor dreißig Jahren? Was war das für eine Frau? Wer hat dieses ... dieses Feuerwerk an Gefühlen in Ihnen entfacht?

TRÖMERBUSCH Welches Feuerwerk?

BREM Das Feuerwerk in Ihrem Roman »Gestern war ein Tag zu spät«. Wie sehr muss man lieben, um so ein Buch zu schreiben. Wen haben Sie da geliebt? Verraten Sie es mir.

TRÖMERBUSCH *(freudig lächelnd)* Das hat Ihnen also offenbar ... wirklich ... gefallen, ich meine ... das Buch?

BREM Ich finde es großartig. Mein absolutes Lieblingsbuch.

TRÖMERBUSCH *(entzückt)* Meines auch.

BREM Die Beziehung zwischen Antonius und Juliane, so fein herausgearbeitet. Die Szene auf dem Leuchtturm, als er ihr von seiner Tochter erzählt. So viel Verständnis, so viel Einfühlung, aber niemals klischeehaft oder gar kitschig. Beeindruckend. Für mich eine der größten Liebesszenen der Weltliteratur.

Trömerbusch fühlt sich sichtlich geschmeichelt.

TRÖMERBUSCH Ja, die Leuchtturm-Szene, die ist mir ... glaube ich ... ganz gut gelungen. Und was halten Sie von der Figur des taubstummen Zacharias?

BREM *(lacht begeistert auf)* Wunderbar. Sehr elegant gelöst. Für mich überhaupt die Schlüsselfigur in dem Roman.

TRÖMERBUSCH Für mich auch. Das Zünglein an der Waage sozusagen.

BREM Ja, er hält ihnen allen den Spiegel vor. Und das, ohne auch nur ein Wort zu sagen.

TRÖMERBUSCH *(lächelnd)* Klar, ging ja nicht. Er war ja taubstumm, nicht wahr.

Trömerbusch wirkt gelöst und ein wenig verklärt. Er rückt immer näher zu Brem. Er fühlt sich zunehmend wohl in dem Gespräch.

BREM Also sagen Sie schon. Wen haben Sie damals geliebt?

TRÖMERBUSCH Wollen Sie es wirklich wissen?

BREM Natürlich. Ich war rasend eifersüchtig auf sie – auf Juliane. *Ich* wollte mit Antonius auf dem Leuchtturm sein. Ich wollte, dass er *mir* solche Dinge ins Ohr flüstert. Ich hätte alles dafür gegeben. Also wer war sie in Wirklichkeit?

TRÖMERBUSCH Sie werden enttäuscht sein, Frau Brem. Juliane war die Wirklichkeit.

BREM Wie meinen Sie das?

TRÖMERBUSCH Der Roman selbst war die Wirklichkeit, meine Wirklichkeit. Antonius, Juliane und wie sie alle hießen, die Liebenden, das war meine Wirklichkeit.

Meine Beziehungen – sie haben nur in den Büchern stattgefunden. Nur dort haben sie funktioniert.

BREM *(murmelt vor sich hin)* Meine auch.

TRÖMERBUSCH Außerhalb der Bücher war ich orientierungslos, ein hoffnungsloser Fall, ein Ewigsuchender im Blindflug. Ich brauchte meine Figuren, damit sie mir zeigten, wo es lang ging im Leben. An ihnen hielt ich mich fest.

BREM Und woran halten Sie sich heute fest?

TRÖMERBUSCH Derzeit am Whiskey, wenn mich nicht alles täuscht. Worauf wollen Sie hinaus?

BREM Sie haben schon seit sechs Jahren kein Buch mehr geschrieben. Brauchen Sie nicht langsam wieder ein paar Figuren, an denen Sie sich festhalten können?

TRÖMERBUSCH Das nenne ich einmal ein wirklich gutes Argument, um mich zum Schreiben zu motivieren. Meinen Verlegern wäre das nie eingefallen.

BREM So eine Figur wie etwa ... die große Schwester des Ich-Erzählers Wendelin Rubers in Ihrem Roman »Scheingestalten«. Wie hieß sie doch gleich?

Brem wirkt jetzt geheimnisvoll und kokett.

TRÖMERBUSCH Mariella.

BREM Ach ja, Mariella. Schöner Name. Wie kamen Sie darauf?

TRÖMERBUSCH Witzig, dass Sie mich das fragen. Dazu gibt es tatsächlich eine kleine Geschichte.

BREM *(auffallend erfreut)* Ja? Gibt es die? Und daran erinnern Sie sich noch? Jetzt bin ich aber neugierig.

Brem wirkt plötzlich aufgekratzt. Trömerbusch lässt schwärmerische Wesenszüge erkennen.

TRÖMERBUSCH Es muss bei einer meiner ersten Lesungen gewesen sein, ich war keine dreißig Jahre alt. Da kam ein Schulmädchen auf mich zu und fragte frech und ungeniert: Was muss ich tun, damit ich eine Figur in einem Ihrer Romane werden kann? Ich: Was würdest du dafür tun? Sie: Ich würde meinen Namen dafür hergeben. Ich: Was? Das würdest du tatsächlich tun? Und wie heißt du? Sie: Mariella. Ich: Das ist ein schöner Name, der gehört wirklich in einen Roman. Sie: Ich weiß. Daraufhin ich: Okay, Mariella, und was für eine Figur möchtest du gerne sein? Und sie sagte: Eine starke, eine wichtige, eine die ...

BREM ... die Handlung des Buches mitbestimmt.

TRÖMERBUSCH Ja, so ähnlich, so ähnlich. Ich arbeitete damals gerade an den »Scheingestalten«, ich hatte meine Figuren bereits schemenhaft im Kopf, aber ich hatte noch nicht alle Namen für sie. Also sagte ich zu dem Mädchen: Du kannst es dir aussuchen. Mein Held heißt Wendelin. Willst du seine Klavierlehrerin sein? Oder seine Mutter? Oder seine große Schwester? Oder seine Geliebte. Daraufhin fragte das Mädchen ...

BREM *(sentimental)* ... Kommen sie denn zusammen, Wendelin und seine Geliebte? Werden sie am Ende ein Paar sein?

TRÖMERBUSCH *(hocherstaunt)* Richtig, so ähnlich hat sie ... tatsächlich ... gefragt. Daraufhin sagte ich: Nein, leider ... die Geliebte ... sie ... sie ...

Trömerbusch beginnt zu stocken. Es scheint ihm etwas zu dämmern. Brem strahlt ihn an.

BREM ... Sie kommt bei einem Reitunfall ums Leben. Daraufhin Mariella: Okay, dann nehme ich die große Schwester.

Schweigepause. Trömerbusch starrt Brem gebannt an. Er versucht sich einen Reim auf die Sache zu machen.

TRÖMERBUSCH Ja, so war es, genau so war es. Und wieso wissen Sie das? Ich kann mich nicht erinnern, dass ich das öffentlich einmal irgendwo erzählt hätte.

BREM Mariella – das war ich. Das bin ich.

Große Dramaturgie. Trömerbusch will die saftige Überraschung noch nicht recht wahrhaben.

TRÖMERBUSCH Nein. Sie machen Witze.

BREM Doch.

TRÖMERBUSCH Sie sind ... Sie heißen Mariella? Und Sie waren ... das Mädchen von damals?

BREM Ja. Ich war Mariella. Ich bin Mariella. Und ich bleibe Mariella. Wendelins große Schwester. Das bleibe ich für alle Ewigkeit, über meinen Tod hinaus.

Die Nachricht versetzt Trömerbusch in Hochstimmung mit alkoholbedingt rührseligen Akzenten. Brem genießt diese Momente.

TRÖMERBUSCH Und wir verbringen Stunde um Stunde hier in diesem ... Hotel. Und Sie haben mir den ganzen Abend kein Sterbenswörtchen davon erzählt? Ja, warum denn nicht?

BREM Sie waren irgendwie nicht in der geeigneten Stimmung dafür. Aber jetzt, mit dem Whiskey, hat es ja doch noch geklappt.

Trömerbusch wird überschwänglich.

TRÖMERBUSCH Frau ... äh ... Mariella, darf ich Ihnen ein Kompliment aus vollem Herzen machen?

BREM Ja, aber übernehmen Sie sich bitte nicht.

TRÖMERBUSCH Ich fühle mich ... ich fühle mich ... ich fühle mich ... schon viel besser.

BREM *(trocken)* Das Kompliment ist Ihnen wirklich gelungen.

TRÖMERBUSCH Also, ich meine, neben Ihnen. Dank Ihnen – fühle ich mich besser, viel besser. Sie tun mir in dieser Situation, in der ich bin, so richtig ... so richtig ... gut. Ich danke Ihnen dafür, Mariella.

BREM Langsam wird es ein echtes Kompliment.

TRÖMERBUSCH Sagen Sie, Mariella ... darf ich Ihnen ... Ich hab einen speziellen Wunsch. Würde es Ihnen etwas ausmachen, wenn wir noch ... wenn Sie mich vielleicht bei einem kleinen Nachtspaziergang ... dass Sie mich da ... einfach ... begleiten?

Trömerbusch gleitet vom Hocker, geht wankenden Schrittes auf Mariella Brem zu. Er setzt einladende Gesten wie bei einer Tanzaufforderung. Brem scheint einverstanden zu sein und setzt sich ebenfalls in Bewegung.

BREM Okay, wenn wir das noch schaffen. Vier Beine sind immerhin standfester als zwei.

TRÖMERBUSCH Ich habe schon seit Jahren keinen Nachtspaziergang mehr gemacht, ich meine, zu zweit. Lisa hasste Nachtspaziergänge, zumindest mit mir.

Kleine Schweigepause.

TRÖMERBUSCH Ich bin übrigens der Friedrich.

Er reicht ihr trunken die Hand. Sie weicht zurück.

BREM Friedrich? Muss das sein? Können wir nicht bei Frederic bleiben? Da ist der Unterschied zu Antonius nicht gar so groß.

Die beiden wanken im Spazierschritt Richtung Ausgang. Auf halbem Weg hält Trömerbusch inne, eilt noch einmal zur Theke zurück, packt die Whiskeyflasche, taumelt der bereits abgegangenen Brem ein paar Schritte hinterher. Doch plötzlich bleibt er stehen, verharrt sinnierend, hebt die Whiskeyflasche hoch und betrachtet sie von allen Seiten.

TRÖMERBUSCH Mache nie das Erwartbare.

Er kehrt um, stellt die Whiskeyflasche wieder auf der Theke ab – und läuft Mariella Brem nach.

ENDE

Autor

Daniel Glattauer, 1960 in Wien geboren, wurde durch seine Kolumnen bekannt, die er als Journalist für die Tageszeitung Der Standard schrieb. Mit den beiden E-Mail-Romanen »Gut gegen Nordwind« und »Alle sieben Wellen« gelangen Glattauer zwei Bestseller, die auf der ganzen Welt gelesen werden und auch als Hörspiel, Theaterstück und Hörbuch und zuletzt als Kinoverfilmung erfolgreich waren.
Weitere Informationen zu Daniel Glattauer unter:
www.daniel-glattauer.com.

Daniel Glattauer im Goldmann Verlag:
Gut gegen Nordwind. Roman
Alle sieben Wellen. Roman
Darum. Roman
Der Weihnachtshund. Roman
Ewig Dein. Roman
Geschenkt. Roman
Die Wunderübung. Eine Komödie
Vier Stern Stunden. Eine Komödie
Theo. Antworten aus dem Kinderzimmer
Leider hat Lukas schon wieder ...

GOLDMANN
Lesen erleben